步又得鈷鉧潭潭西二十五步當湍而浚者為魚梁梁
上有丘焉生竹樹其石之突怒偃蹇負土而出爭為奇
者殆不可數其嶔然相累而下者若牛馬之飲於溪其
然角列而上者若熊羆之登於山丘之小不能一畝可
籠而有之問其主曰唐氏之棄地貨而不售問其價曰
四百余憐而售之李深源元克己時同游皆大喜出自
外即更取器用剷刈穢草伐去惡木烈火而焚之嘉木
美竹露奇石顯由其中以望則山之高雲之浮溪之流
獸之遨游舉熙熙然回巧獻技以效茲丘之下枕席而
則清泠之狀與目謀瀯瀯之聲與耳謀悠然而虛者與
謀淵然而靜者與心謀不匝旬而得異地者二雖古好
之士或未能至焉噫以茲丘之勝致之灃鎬鄠杜則貴
之士爭買者日增千金而愈不可得今棄是州也農夫

唐柳宗元永州八記

始得西山宴游記

自余為僇人居是州恒惴慄其隙則施施而行漫漫而游日與其徒上高山入深林窮廻幽泉怪石無遠不到到則披草而坐傾壺而醉醉則更枕以卧卧而夢意有所極夢亦同趣覺而起起而歸以凡是州之山水有異態者皆我有也而未始知西山之特今年九月二十八日因坐法華西亭望西山始指異遂命僕人過湘江緣染溪斫榛莽焚茅茷窮山之高而攀援而登箕踞而遨則凡數州之土壤皆在衽席之下高下之勢岈然洼然若垤若穴尺寸千里攢蹙累積莫遯隱縈青繚白外與天際四望如一然後知是山之特不與培塿為類悠悠乎與浩氣俱而莫得其涯洋洋乎造物者游而不知其所窮引觴滿酌頹然就醉不知日

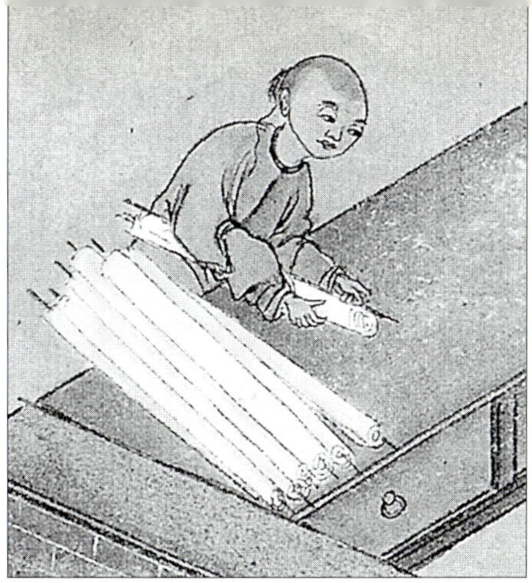

Chinesische Kalligraphie

Der Junge
wird schnell alt,
dann fällt
das Lernen
schwer.

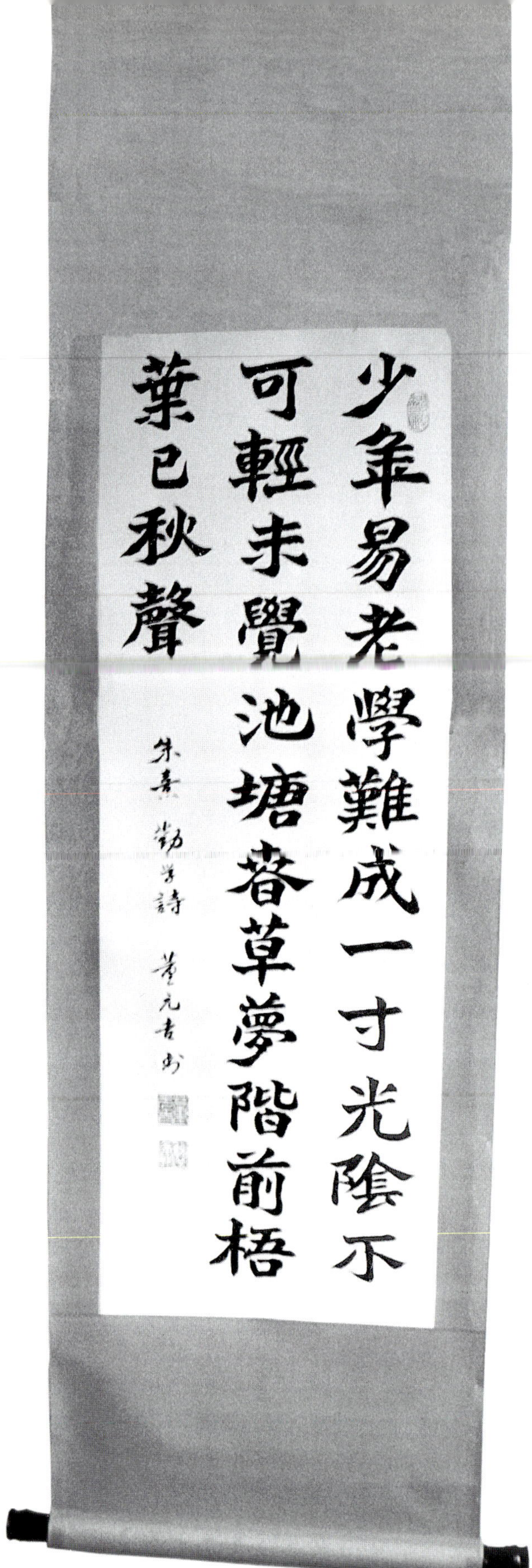

Die Zeit
vergeht schnell;
die Blätter
des Baums
vor dem Haus
sind schon gelb.

Rong Fang Cao
Klaus-Dieter Hartig

Chinesische Kalligraphie

mit Pinsel und Tusche

金

Knaur

Die Abbildungen auf den Seiten 1, 4, 5, 32–34, 45–50 und 56 stammen aus einer Bildfolge über chinesische Papierherstellung.

Bibliografische Information: Die Deutsche Bibliothek
Die Deutsche Bibliothek verzeichnet diese Publikation in der Deutschen Nationalbibliografie; detaillierte bibliografische Daten sind im Internet über http://dnb.ddb.de abrufbar

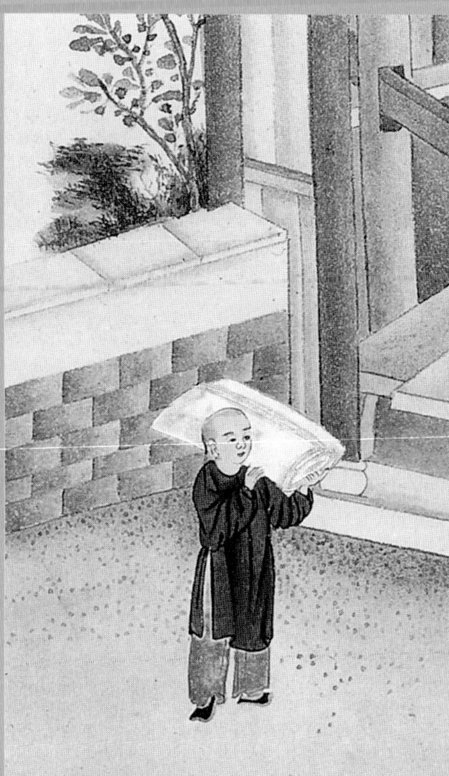

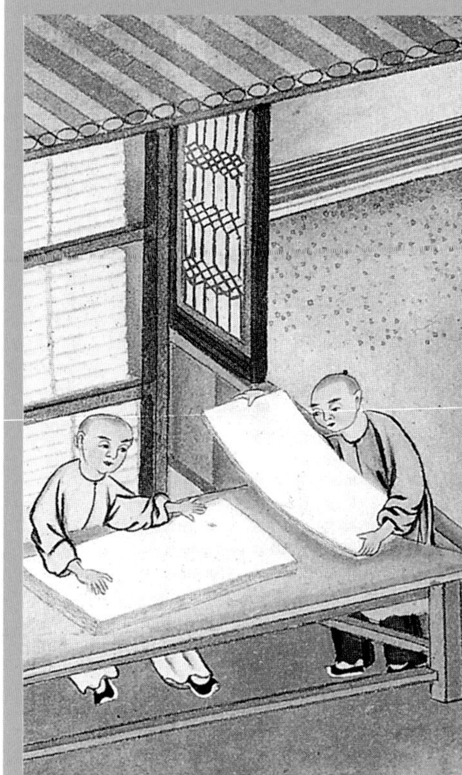

Fotografie: Klaus Lipa, Diedorf bei Augsburg
Lektorat: Michael Schönberger
Umschlagkonzeption: Zero Werbeagentur, München
Umschlaglayout: Elke Martin

Satz: satz-studio gmbh, Bäumenheim
Reproduktion: Repro Mayer, Donauwörth
Druck und Bindung: Appl, Wemding

Gedruckt auf 135 g umweltfreundlich chlorfrei gebleichtem Papier.

ISBN 3-426-66829-7
Printed in Germany

Inhalt

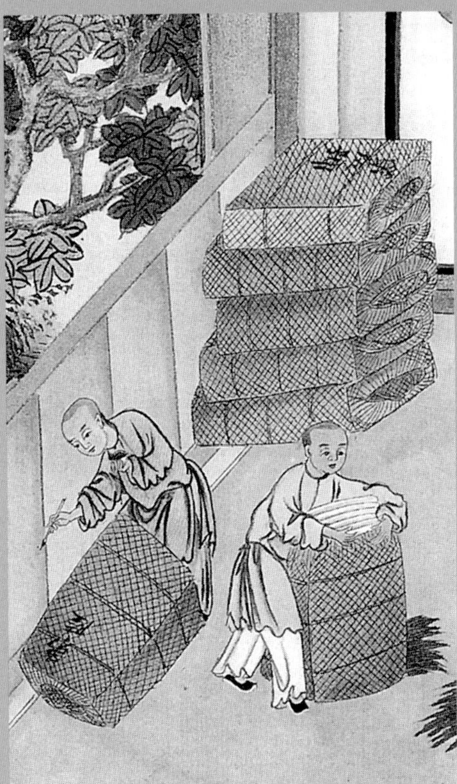

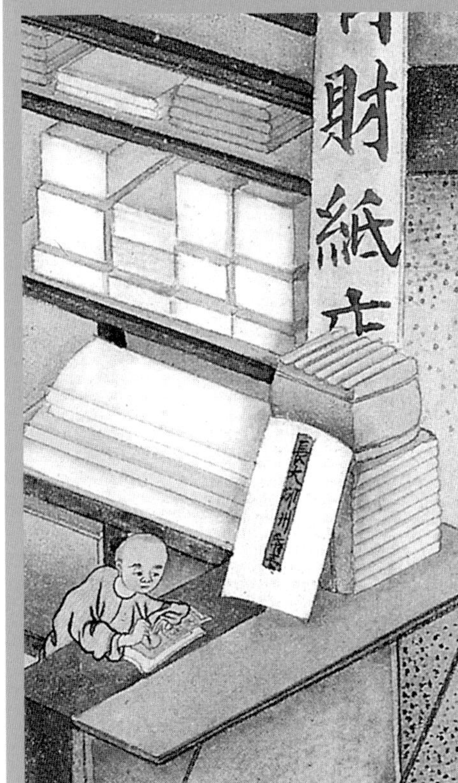

Für Ming Ming,
Sandra und Christian

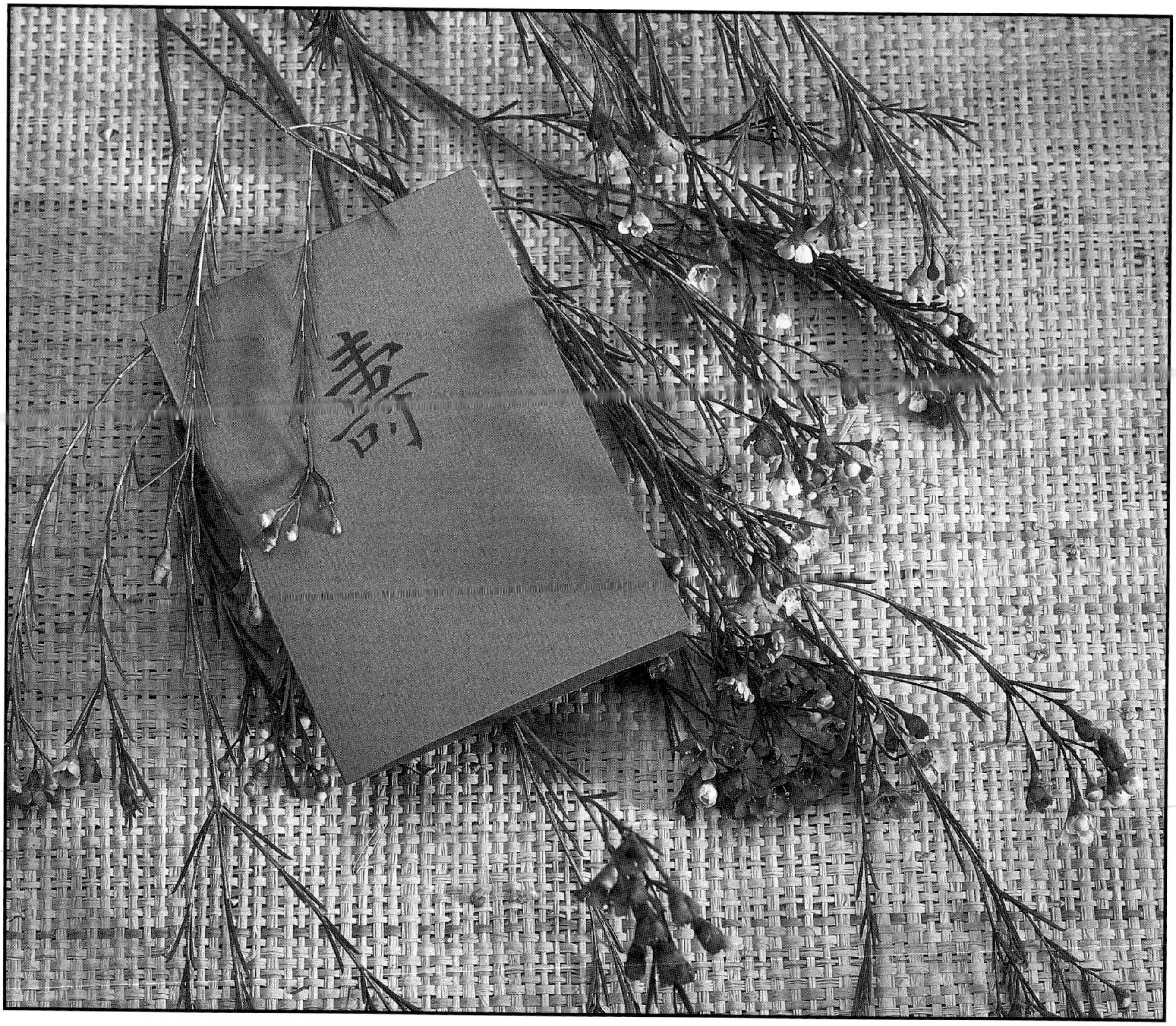

Wir verdanken dem chinesischen Meister der Kalligraphie, Mǎ Píng Fǎ aus Shanghai, wertvolle Hinweise und nützliche Vorlagen. Unser Dank gilt auch Jürgen Ubrig, Bärbel Schmidt und Frau Elke Strachalla, die uns bei der Erstellung der Graphikvorlagen unterstützten.

Einleitung

F*ür Europäer* ist die Welt der chinesischen Kalligraphie faszinierend und rätselhaft zugleich. Aber die Beschäftigung mit chinesischer Schrift lohnt sich, und mit einer regelmäßigen Übung ist es gar nicht so schwierig, mehrere Schriftzeichen und kleinere Texte in ansehnlicher Form zu Papier zu bringen.
Für viele Chinesen ist das konzentrierte, regelmäßige Kalligraphieren eine das Wohlbefinden fördernde Übung, sportlichen Aktivitäten wie Golf oder Tennis vergleichbar. Durch seinen meditativen Charakter trägt das Schreiben chinesischer Schriftzeichen zur inneren Ausgeglichenheit und Ruhe bei. Die beim Schreiben auszuführenden Bewegungen sollen aus dem Zentrum des Körpers kommen und den Fluß der Gedanken wiedergeben.

Natürlich ist es ein weiter Weg bis zur Kenntnis eines größeren Teils der gebräuchlichen Zeichen und zur meisterlichen Beherrschung der Zeichentechniken, aber durch häufiges Kopieren kann man schon beeindruckende Ergebnisse erzielen. Wenn man chinesische Kalligraphie ernsthaft lernen möchte, braucht man viel Zeit und Geduld. Die Chinesen sagen, daß man hundert Tage üben muß, um *ein* Schriftzeichen richtig und schön schreiben zu können. Diese hohen Ansprüche müssen wir natürlich nicht an unsere Arbeit stellen. Allerdings: nichts ist wichtiger als ständiges Üben; der Erfolg stellt sich dann auch automatisch ein.

Dieses Buch bietet dem Anfänger grundlegende Informationen über die Materialien, Arbeitsgeräte und Techniken. Es macht mit den wichtigsten Strichen vertraut, aus denen sich alle Schriftzeichen im wesentlichen zusammensetzen. Wenn man sich mit diesen Elementen befaßt und ihre Schreibweise intensiv geübt hat, kann man sich an das Kopieren von Vorlagen machen, um ein Gefühl für die festen Regeln folgender Komposition von Strichen und Punkten zu gewinnen. Des weiteren folgen detaillierte Schreibanleitungen für zahlreiche interessante Beispiele. Schritt für Schritt kann sich der Anfänger von einfachen über kompliziertere und zusammengesetzte Schriftzeichen zu Texten für verschiedene Anlässe vorarbeiten. Die Hinweise auf Bedeutungszusammenhänge und den Gebrauch der mit den Zeichen verbundenen Begriffe vermitteln einen ersten Zugang zu Philosophie, Denken und Fühlen Chinas.

Die chinesische Kalligraphie steht in enger Verwandtschaft mit der Malerei. Beide Kunstformen verwenden die gleichen Materialien und eine ähnliche Arbeitsweise. Viele Bilder werden durch Schriftzeichen erläutert bzw. ergänzt. Die chinesische Schreib- und Malkunst folgen außerdem den gleichen ästhetischen Prinzipien. Ihre Entwicklung über viele Jahrhunderte steht in engem Zusammenhang mit der Erfindung ihrer Arbeitsmittel: Pinsel, Tusche und Papier.

Im Reich der Mitte hat die Kalligraphie einen hohen künstlerischen Rang und einen große und sehr alte Tradition. Meister der Kalligraphie genossen ein hohes Ansehen; ihre meist durch eine einzigartige Handschrift geprägten Werke waren oft Vorbild für viele nachfolgende Generationen. Die chinesische Kalligraphie entwickelte eigene Techniken, Ausdrucksformen, ästhetische Gesetze und Vorstellungen vom stilvollen Schönen, die für Europäer schwer zugänglich sind. Schöne Schriften gelten als selbständige Kunstwerke, besonders wenn sie geistreiche Gedanken oder Dichtungen wiedergeben. Der besondere künstlerische Ausdruckswert der Kalligraphie ergibt sich vor allem aus dem reichen Potential graphischer Variationen, das die chinesische Schrift bietet.

Die chinesischen Schriftzeichen sind semantische Einheiten, d.h. sie entsprechen ganzen Wörtern oder Wortkombinationen. Ein Schriftzeichen ist also ein feststehendes Begriffszeichen mit genau vorgeschriebener Zusammensetzung und hat nichts mit unserer Schrift gemeinsam, die sich aus Buchstaben zusammensetzt.

Die Ursprünge der chinesischen Schrift liegen im 3.Jahrtausend v. Chr. Am Anfang stand eine Art von Bilderschrift mit einfachen Zeichnungen und klar erkennbaren Bildern von einfachen Gegenständen. Die Entwicklung der Schriftzeichen begann etwa im 17. Jahrhundert vor unserer Zeitrechnung. Es entstanden sogenannte Piktogramme als direkte Abbildungen von Dingen; Schrift und Bilder sind hier eine Einheit. In der weiteren Entwicklung entfernte sich die chinesische Schrift schritt-

weise von der direkten Abbildung und wurde abstrakter. Es entstanden Ideogramme, d.h. Darstellungen von abstrakten Ideen, also von Verhältnissen, Zusammenhängen, Gefühlen usw. Viele dieser Schriftzeichen entstanden durch Kombination einfacher Begriffe. Um 200 v. Chr. setzte sich die Kleine Siegelschrift als einheitliche Schrift für das ganze chinesische Reich durch. Sie war Ausgangspunkt für mehrere nachfolgende Schreibstile, zunächst für die weniger formale und schneller zu schreibende Kanzleischrift (Lī shū), die in der Han-Zeit entstand.
Diese Schrift bildete die Basis für die moderne chinesische Schrift. In der Linienführung von Lī shū kann man bereits die durch den elastischen Pinsel ermöglichten unterschiedlichen Ausdrucksformen erkennen.
Im 3. und 4. Jh. nach Chr. entwickelten sich die drei wichtigsten, heute noch gebräuchlichen kalligraphischen Schreibstile: die normale Schreibschrift (Kăi shū), die Kurrentschrift (Xíng shū) und die sogenannte Grasschrift (Cao shū).

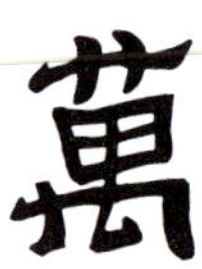

Lī shū (Kanzleischrift)

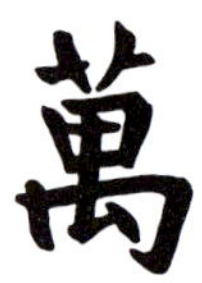

Kăi shū (Normalschrift)

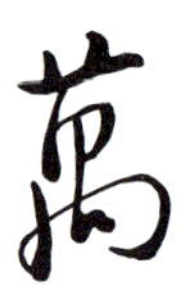

Xíng shū (Kurrentschrift)

Die Schriftzzeichen, die in diesem Buch vorgestellt werden, sind in Kăi shū geschrieben, denn für den Anfänger ist es sinnvoll, seine Übungen mit dieser Normalschrift zu beginn. Für den Ausdruck dieser drei Schreibstile ist die Geschwindigkeit der Pinselbewegung entscheidend: Kăi shū erfordert eine langsamere Pinselführung, während die Kurrent- und Grasschrift deutlich schneller ausgeführt werden müssen. Kăi shū hat größere Ähnlichkeit mit der Druckschrift, ist sozusagen Standard und zeichnet sich durch größere Präzision aus. Die Zeichen haben eine einheitliche Größe und Position, sowie einen regelmäßigen Typus.

Es gibt 50000 und 60000 chinesische Schriftzeichen; niemand kennt sie alle. Im normalen täglichen Gebrauch, z.B. beim Lesen einer Zeitung, reicht die Kenntnis von 3000 bis 6000 Zeichen vollkommen aus. In den 50er Jahren mißlang der Versuch, eine Lautschrift mit lateinischen Buchstaben einzuführen, die die komplizierten Schriftzeichen ersetzen sollte.
Die alten Zeichen haben den Vorteil, daß alle Chinesen sie verstehen können, während die großen Unterschiede zwischen den Sprachen der Nord- und Südchinesen eine direkte verbale Verständigung unmöglich machen.

Für die Transkription der chinesischen Schriftzeichen in lateinische Buchstaben wurde in diesem Buch das offiziell zur Vereinheitlichung in China eingeführte Pinyin-System (hànyŭ pīnyīn, »zusammengesetzte Laute«) benutzt. Leider hat sich dieses System in der westlichen Literatur noch nicht ganz durchgesetzt, so daß man sehr unterschiedliche, oft verwirrende Schreibweisen findet.
Weil es bei der richtigen Aussprache vieler Wörter oft auf den Ton einzelner Laute ankommt, fügen wir Tonzeichen ein. Die Akzente auf den Vokalen haben folgende Bedeutung:

ā = hoher, gleichbleibender Ton
á = steigender Ton
ă = fallender und wieder steigender Ton (»Singsang«)
à = kurz fallender Ton.

Um das Lesen der in Pinyin transkribierten Wörter zu erleichtern, wird im folgenden kurz auf die annähernden Entsprechungen der Laute und Silben hingewiesen, die von der deutschen Aussprache abweichen:

c = z/ts (aspiriert wie in »Sitzhöhe«)
j = dch
q = tch (aspiriert wie engl. ch)
r = zwischen Zungen-r und franz. j wie in »jeune«
s = ß (Faß)
u nach J, q, x, y = ü
x = ch (ich)
z = ds
ao = au (Tau)
ch = tsch (Kutsche)
ei = wie im englischen »eight«
uie = iä
ong = ung (jung)
ou = wie im englischen »old«
sh = sch (Tasche)
ue = üä
zh = dsch

Material und Technik

筆

Anfangs ein paar Worte zu den Materialien, die man für die chinesische Schönschreibkunst benötigt. Ein Vorteil dieser künstlerischen Ausdrucksform ist, daß neben dem Papier nur wenige und einfache Mittel erforderlich sind: Tusche, Reibestein, Pinsel und Pinselablage. Sie werden von den Chinesen die vier Schätze (wén fáng sì bǎo) genannt, weil sie für jeden Kalligraphen unentbehrlich sind.

Da es Tuschespritzer geben kann, sollte man ältere Kleidungsstücke oder einen Kittel anziehen. Eingetrocknete Tusche läßt sich sehr schlecht aus hellem Stoff entfernen. Frische Spritzer müssen gleich mit lauwarmem Wasser ausgewaschen werden.

Chinesische Pinsel, Reispapier und gelegentlich komplette Kalligraphie-Sets, d.h. Schreib- und Malkästen mit allen erforderlichen Utensilien, sind in gut sortierten Zeichenbedarfs- und Hobbyläden erhältlich. Geschäfte, die mit Tee oder anderen fernöstlichen Artikeln handeln, bieten oft auch Utensilien zum Kauf an, die man zum Zeichnen der chinesischen Schriftzeichen benötigt. Die dekorativen Schreibkästen enthalten einen oder mehrere Pinsel, oft eine Pinselablage aus Porzellan, einen Reibestein, eine oder mehrere Stangen schwarze Tusche und ein Wasserfläschchen.

Eine wichtige Voraussetzung für gutes Gelingen ist, daß man sich Zeit nimmt und einen Ort wählt, an dem man Ruhe finden kann und nicht gestört wird. Auch der Anfänger kann beim Ausführen der Übungen abschalten, den Streß des Alltags vergessen und sich entspannen.

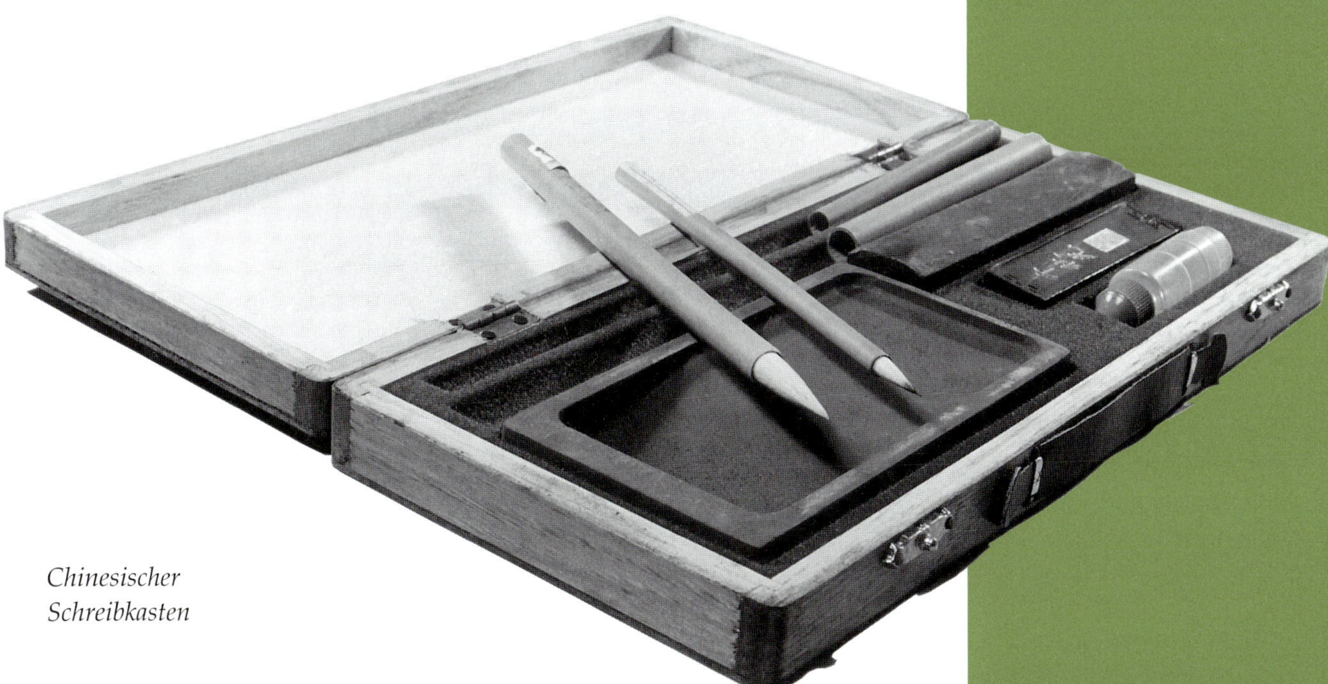

Chinesischer Schreibkasten

Papier

Ursprünglich, also im 16. bis 11. Jahrhundert v. Chr., haben die Chinesen ihre Schriftzeichen in Ochsenknochen geritzt (Orakelknochenschrift); später wurden Zeichen mit dem Messer in Bambus geschnitten und schließlich mit Tusche auf Seide oder andere Stoffe gemalt. Dann wurde die Seide zunehmend durch Papier – eine der bedeutenden chinesischen Erfindungen aus der Zeit um 100 n. Chr. – verdrängt. Papier wurde zunächst aus dem Bast des Papiermaulbeerbaumes hergestellt.

Heute wird hauptsächlich chinesisches Reispapier als Träger der Schrift verwendet, das es in verschiedenen Ausführungen gibt. Dieses feste Material ist sehr reizvoll und gut für den Wechsel von leichten und festen Pinselstrichen geeignet, aber auch verhältnismäßig teuer. Beliebt und bekannt ist das handgeschöpfte, weiße Wenzhou-Papier, das man als Rollen unterschiedlicher Breite in dekorativen Papprohren erhält. Die üblichen Formate sind 0,45 x 25 m, 0,68 x 10 m, 0,97 x 10 m. Man muß aus den Papierrollen das benötigte Format schneiden oder reißen. Vor dem Auseinanderreißen des Papiers sollte man den scharfkantigen Falz etwas befeuchten. Dies hat den Vorteil, daß sich das Papier dadurch leichter auseinanderziehen läßt. Außerdem entsteht so eine Art von Büttenrand, der für ostasiatische Papiere typisch ist. Wenzhou ist ein holzfreies, saugfähiges Naturfaserpapier mit rauher, seidenartig weicher Oberfläche. Das Gewicht des Chinapapiers beträgt normalerweise 30 g/m^2. Wegen der Saugfähigkeit dieses Schreib- und Malgrunds sollte man beim Beschreiben des Reispapiers nicht zu viel und möglichst dickflüssige Tusche mit dem Pinsel aufnehmen, da die Tusche sonst leicht verläuft.

Zum Üben kann der Anfänger eine alte Zeitung nehmen, besser noch unbedrucktes Zeitungspapier. Dieses Material ist zwar nicht ganz so saugfähig wie das Reispapier, aber für die ersten Versuche geeignet und deutlich preisgünstiger. Restrollen kann man sich bei Druckereien oder Verlagen besorgen.

Man kann auch einfaches Schreibmaschinenpapier verwenden, das den Vorteil hat, daß die Tusche kaum verläuft. Besonderen künstlerischen Ansprüchen genügt dieses Papier natürlich nicht, denn es ist nicht »stilecht«.

In China gibt es für Anfänger Blökke mit Übungsblättern, auf denen durch waagerechte und senkrechte Mittellinien und Diagonalen eingeteilte Quadrate abgebildet sind. In diese Felder werden entsprechende Vorlagen kopiert. Durch die Einteilung kann man leichter überprüfen, ob die Proportionen und Anordnungen der Striche stimmen.

Die Schriftzeichen, die im nächsten Abschnitt vorgestellt werden, sollen in Übungsfelder übertragen werden. Für die ersten Versuche soll der Anfänger ein Quadrat mit der Seitenlänge von 4,5 cm dünn mit Bleistift auf das Papier zeichnen. In dieses Raster werden die Vorlagen übertragen.

Chinapapiere

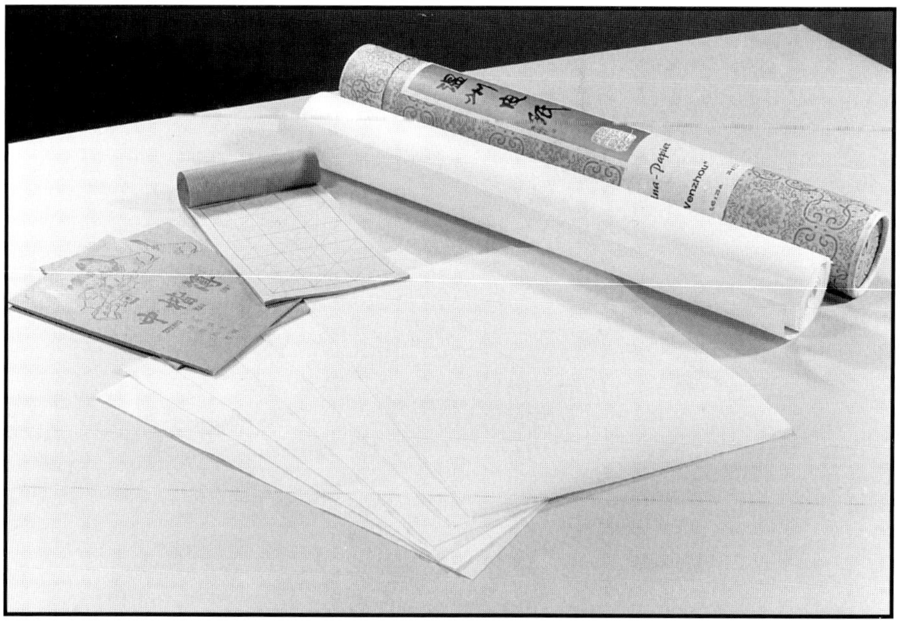

Pinsel

Zum Schreiben der chinesischen Schriftzeichen werden ausschließlich Pinsel und Tusche verwendet.

Die chinesischen Kalligraphen haben in den verschiedenen Zeiten Pinsel mit unterschiedlichen Tierhaaren benutzt, vor allem aber Ziegenhaare. Die Haare werden zu einem Büschel zusammengebunden und in einem ausgehöhlten Bambushalter gefaßt. Während der Zeit der Han-Dynastie (2. bis 5. Jahrhundert n. Chr.) waren Kaninchenhaare beliebt. In der Folgezeit wurden auch Pinsel mit Fuchs-, Wolfs-, Hasen-, Rotwild- und Schafshaaren hergestellt. Sie haben entweder kurze oder lange und weiche Spitzen und werden den Erfordernissen beziehungsweise dem Stil des Kalligraphen entsprechend ausgewählt.

Heutzutage finden besonders die groberen Schafs- und Ziegenhaare Verwendung, die sich gut für schwungvollere, weniger feine Schreibweisen eignen. Die chinesischen Pinsel sind steifer als jene, die im Westen bei der Aquarellmalerei benutzt werden. Erhältlich sind Pinsel in acht bis zehn Größen.

Die fülligen Ziegenhaarpinsel mit Bambusstiel, die als einfache Schreibwerkzeuge eine alte chinesische Tradition haben, sind preisgünstig. Sie sind das Standardwerkzeug der chinesischen Kalligraphie. Charakteristisch ist die Länge und Fülle des Pinselkopfes und seine spezifische Biegsamkeit. Die Haare sind gestuft angeordnet, so daß sich eine feine, elastische Spitze bildet, wenn der Pinsel die Tusche aufgenommen hat. Es ist sehr wichtig, daß die Haare gleichmäßig lang, glatt und gerade sind. Ein einziges abstehendes Haar beeinträchtigt die Form eines Strichs. Man kann mit diesen Pinseln Striche mit stark variierender Breite und in wechselnder

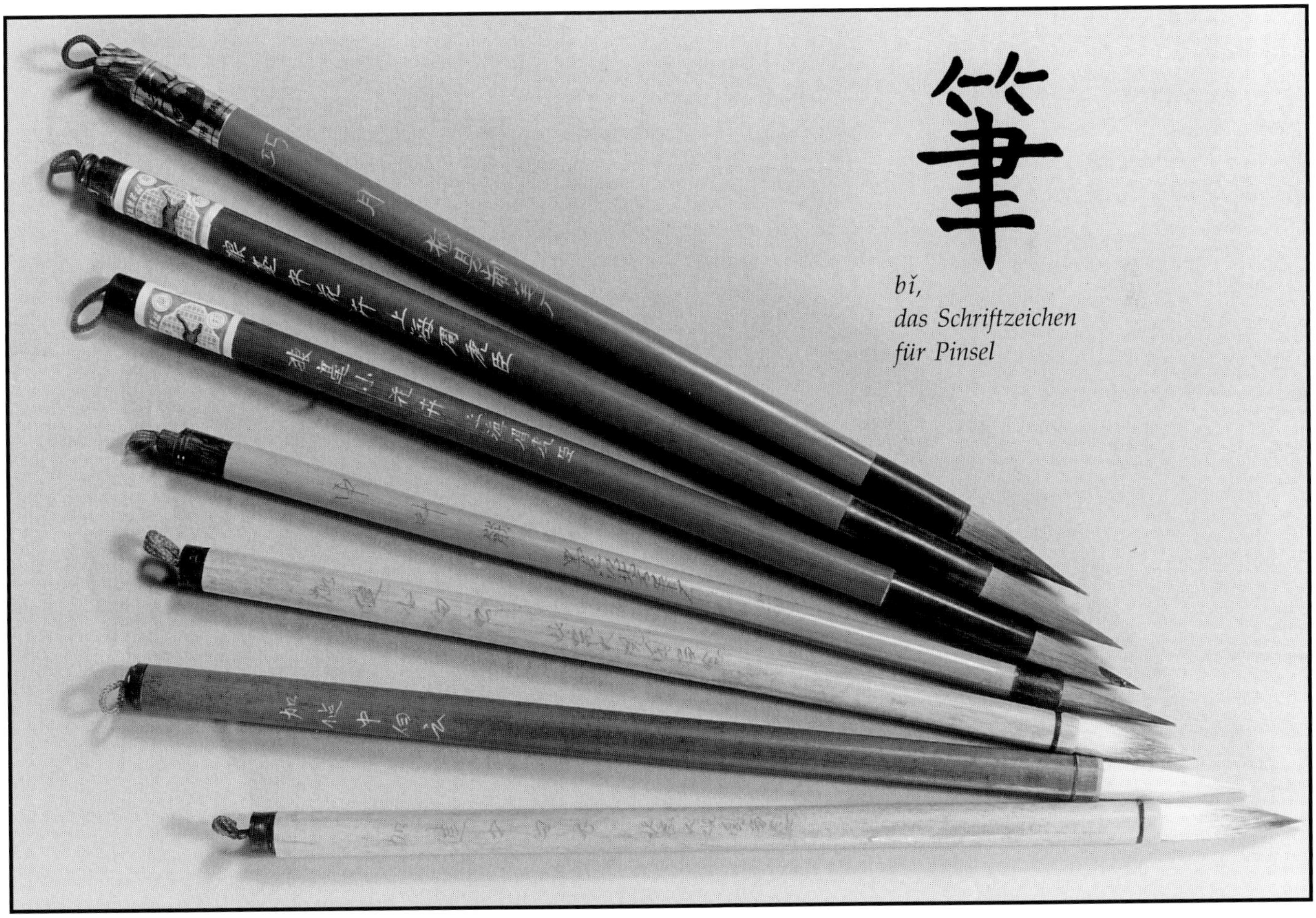

bǐ,
das Schriftzeichen für Pinsel

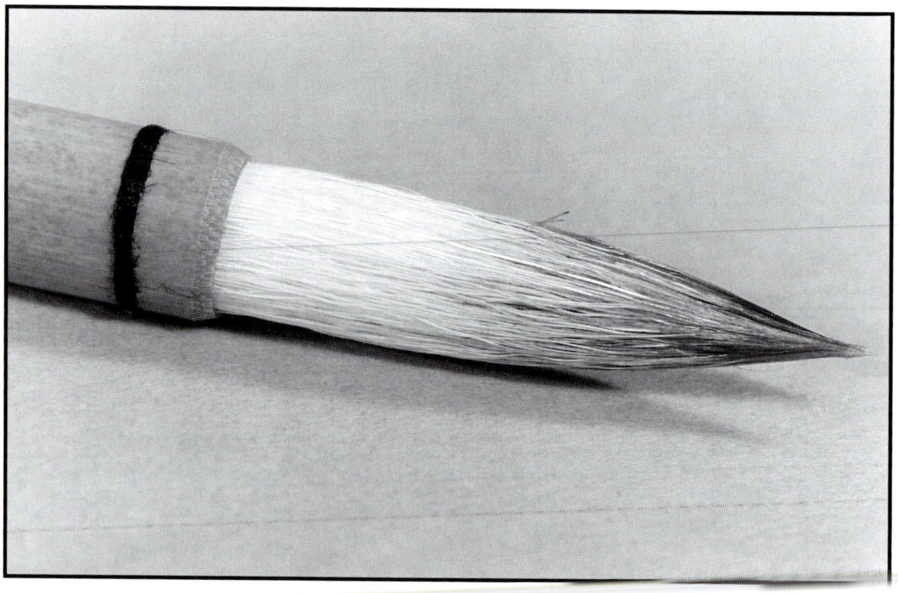

Pinselspitze

Farbintensität malen. Unterschiedliche Tuschemengen können mit ihnen aufgenommen werden. Man hält die Pinselspitze schräg in die Tusche und dreht sie dabei.

Ein Vorteil der chinesischen Pinsel besteht darin, daß unterschiedliche Anteile der Pinselhaare auf das Papier gedrückt werden können. Ihre Flexibilität, bedingt durch die besondere Anordnung der Haare, bietet die Voraussetzung dafür, den Schriftzeichen Leben und Bewegung zu verleihen. Jedes leichte Senken oder Heben des Pinsels kommt in der Strichstärke zum Ausdruck.

Neue Pinsel haben oft sehr harte Haare, denn sie wurden zum Schutz der Spitze in Leim getaucht. Vor dem Gebrauch muß der Pinsel deshalb mit lauwarmem Wasser ausgewaschen werden. Durch das Auswaschen kann auch der Haarungseffekt vermieden werden, der bei neuen Pinseln durch die große Haarlänge und -fülle auftritt.

Mit dem Pinsel sollte man besonders sorgsam umgehen. Er muß nach jeder kalligraphischen Übung gründlich mit lauwarmem Wasser ausgewaschen werden. Danach wird der Rest des Wassers herausgepreßt, indem man die Haare mit Daumen und Zeigefinger zusammendrückt und zur Spitze streicht.

Viele chinesische Pinsel haben am Stielende eine Schlaufe, die zum Aufhängen des Schreibgerätes dient; das ermöglicht neben dem Stellen in ein offenes Gefäß (mit der Spitze nach oben) die sachgerechte Form der Aufbewahrung, denn so werden die Pinselspitzen nicht deformiert. Dem Schutz der Pinsel dienen Kappen aus Bambus oder Kunststoff.

Für die Chinesen hat der Pinsel (bǐ) unter den Hilfsmitteln und Werkzeugen eine hervorragende Bedeutung, weil er der Kommunikation dient und als Symbol der Kunst gilt.

Tusche

Die chinesische Tusche ist das spezielle Medium der Kalligraphie und unterscheidet sich von der Tusche, die in westlichen Ländern benutzt wird. Sie ist schwarz und wird in fester Form als Stangen geliefert.

Stangentusche wird aus Ruß gefertigt, der beim Verbrennen von Öl oder Nadelhölzern entsteht. Der Ruß wird mit einer Art von Gummi bzw. Leim vermischt. Man erwärmt diese erdige Substanz und gießt sie in flache oder runde Formen, um sie dann aushärten zu lassen. Die fertigen Stangen werden in der Regel auf vielfältige Weise mit goldfarbenen Schrift- und Bildmotiven sowie Lackmustern dekoriert. Die Tuschesteine sind haltbar und sparsam im Verbrauch. Wenn ein Stück sehr alt ist, kann es sehr fest und wertvoll sein.

Stangentusche ist in guter und preisgünstiger Schulqualität (z.B. die Sorte Lung Cheung Fung Mo) oder in tiefschwarzer, hochfeiner Künstlerqualität (z.B. Man Shan Mo Keung) erhältlich.

Zum Anreiben der Tusche mit Wasser wird ein Reibestein benötigt. Er besteht meist aus Stein mit glatter Oberfläche, häufig Naturschiefer (z.T. auch aus Bronze oder Keramik), und hat eine Mulde, in der die Tusche gerieben und gemischt wird.

Beim Reiben hält man die Tuschestange senkrecht, d.h. im rechten

Winkel zur Oberfläche. Nachdem etwas Wasser in die Mulde gegeben wurde, werden langsame, gleichmäßige, aber druckvolle Kreisbewegungen im Uhrzeigersinn ausgeführt, damit sich die Tusche fein und gut auflöst. Anfangs sollte man nicht zuviel Wasser nehmen, damit die Tusche nicht zu dünnflüssig wird. Es ist besser, bei Bedarf Wasser nachzugeben. Es kommt darauf an, eine Tusche anzureiben, die nicht zu dünnflüssig und nicht zu konzentriert ist, also auf dem Papier gut läuft, ohne zu verlaufen, und die dunkel ist. Man sollte die Konsistenz der Tusche zwischendurch auf einem Stück Zeitungspapier testen.

Beim Anreiben der Tusche sollte man gut abschätzen, wieviel Tusche benötigt wird, um einen bestimmten Text zu schreiben. Sicherheitshalber wird etwas mehr Tusche hergestellt. Wenn neue Tusche zwischendurch angerieben wurde, werden Unterschiede im Schriftbild sichtbar. Es ist sinnvoll, für jedes größere Schriftstück Tusche frisch anzusetzen, weil sie mit der Zeit eintrocknet.

Da das Anreiben der Tusche etwas Zeit in Anspruch nimmt, bietet sich jetzt eine gute Gelegenheit, sich zunächst beim Anreiben von Tusche zu entspannen, um sich danach auf die Schreibvorlage zu konzentrieren. Das ruhige Reiben trägt dazu bei, ein geduldiger Schreiber zu werden.

Für chinesische Kalligraphen ist die Tusche nicht bloß eine schwarze Schreibflüssigkeit. Bei den Schreibstilen Cǎo shū und Xíng shū entstehen viele Nuancen dadurch, daß Tusche mal heller und mal dunkler, trockener oder feuchter aufgetragen wird. Das macht die Schrift besonders lebendig. In diesem Punkt bildet Kǎi shū eine Ausnahme: Hier werden die Striche in einem einheitlichen Schwarz geschrieben.

Beim Aufnehmen der fertigen Tusche mit dem Pinsel muß man darauf achten, daß alle Haare feucht sind. Der Pinsel soll mit Tusche getränkt sein, darf aber nicht tropfen. Die Tuschemenge, die der Pinsel aufgenommen hat, muß unbedingt dafür ausreichen, daß man ein ganzes Schriftzeichen ohne Unterbrechung ausführen kann.

Tusche, die nicht verbraucht worden ist, kann im Reibestein bleiben. Sie trocknet ein und kann beim nächsten Mal wieder aufgeweicht werden, so daß sie wieder zu benutzen ist.

Mò ist das chinesische Wort für Tusche. Das Schriftzeichen setzt sich aus den Bedeutungskomponenten »Schwarz« und »Erde« (im unteren Teil) zusammen.

Stangentusche

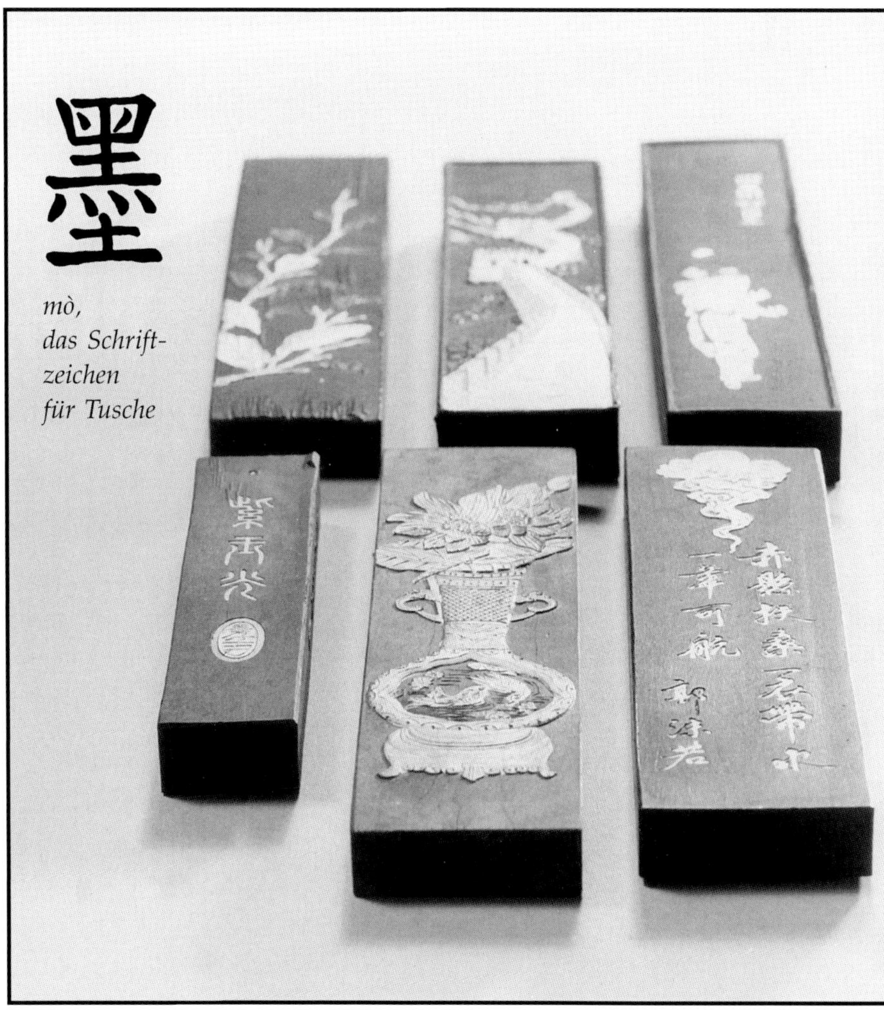

mò, das Schriftzeichen für Tusche

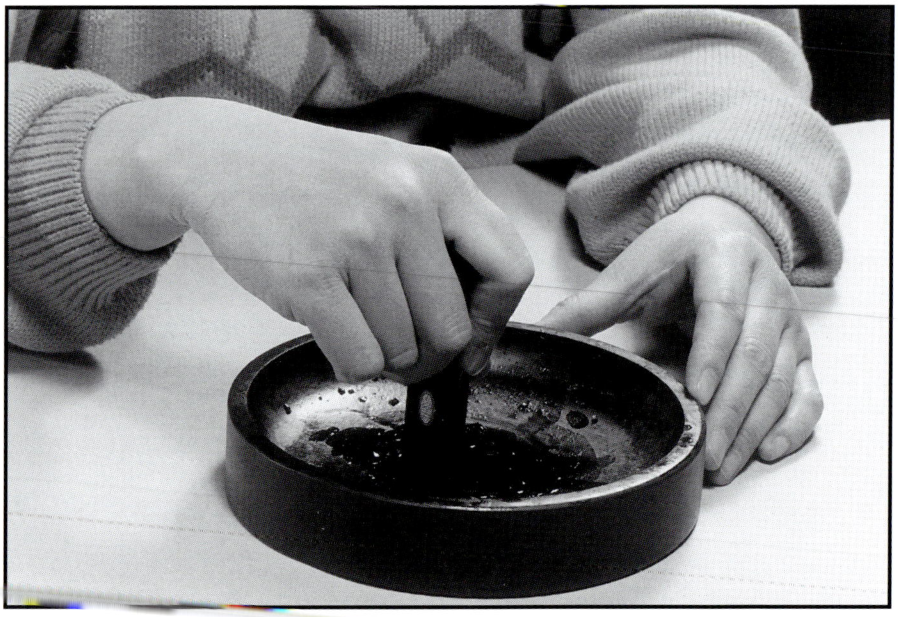

Zum Ansetzen der Tusche hält man die Stangentusche senkrecht in der Hand, gibt etwas Wasser in die Reibeschale und bewegt die Tusche kreisend im Wasser, wobei man sie gegen den Boden der Schale reibt.

Stangentusche

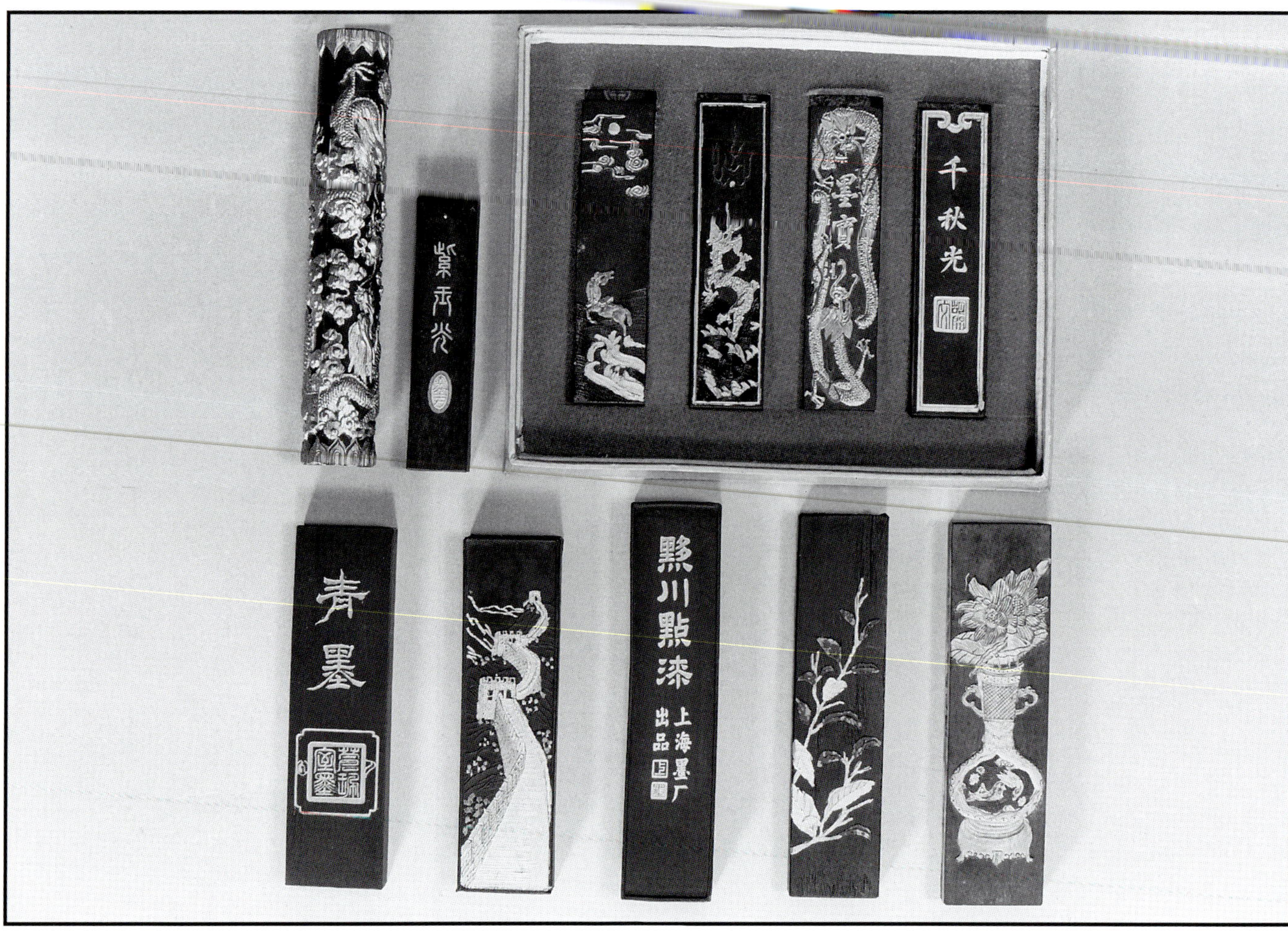

Arbeitsplatz

Man sollte möglichst für eine freie, aufgeräumte Arbeitsfläche sorgen. Ideal ist ein heller Arbeitsplatz mit Tageslicht. Das Licht sollte bei Rechtshändern von links bzw. von oben oder von vorne auf das Papier fallen. Die ebene Tischplatte hat eine bequeme Höhe und ist nicht geneigt. Man benötigt Platz, um die Ellenbogen auflegen bzw. die Schreibhand abstützen zu können (siehe Pinselhaltung).
Als Unterlage kann eine alte Zeitung oder Packpapier dienen.

Links unten:
Der Arbeitsplatz

Rechts unten:
Die Körperhaltung

Körperhaltung

Wichtig ist eine entspannte Körperhaltung. Der ganze Körper sollte locker, aber voller Kraft sein. Als Sitzgelegenheit ist ein einfacher Stuhl oder Hocker am besten geeignet. Man muß mit geradem Rücken sitzen. Der Oberkörper soll die Tischplatte nicht berühren und ist leicht nach vorne geneigt. Der Abstand zwischen den Augen und dem Papier beträgt etwa 30 cm. Die linke Hand liegt auf dem Tisch; sie ist leicht gespreizt und hält das Blatt Papier, so daß es beim Schreiben nicht verrutscht.
Die Füße stehen parallel nebeneinander. Sie ruhen fest mit der ganzen Sohle auf dem Boden.

Pinselhaltung

Die chinesische Pinselhaltung unterscheidet sich deutlich von der Art und Weise, in der ein Europäer normalerweise einen Bleistift oder Pinsel hält. Die richtige Pinselhaltung ist sehr wichtig für das gute Gelingen kalligraphischer Übungen.

Der chinesische Kalligraph hält den Pinsel beim Schreiben absolut senkrecht. Etwa die Mitte des Stiels wird vom ersten Glied des Daumens auf der linken Seite und vom zweiten Glied des Zeigefingers rechts umfaßt. Weiter unten liegen Mittelfinger vorne hakenförmig und der Ringfinger fast mit dem Fingernagel hinten am Pinselstiel. Der Daumen und die drei Finger greifen den Pinsel also auf allen vier Seiten.

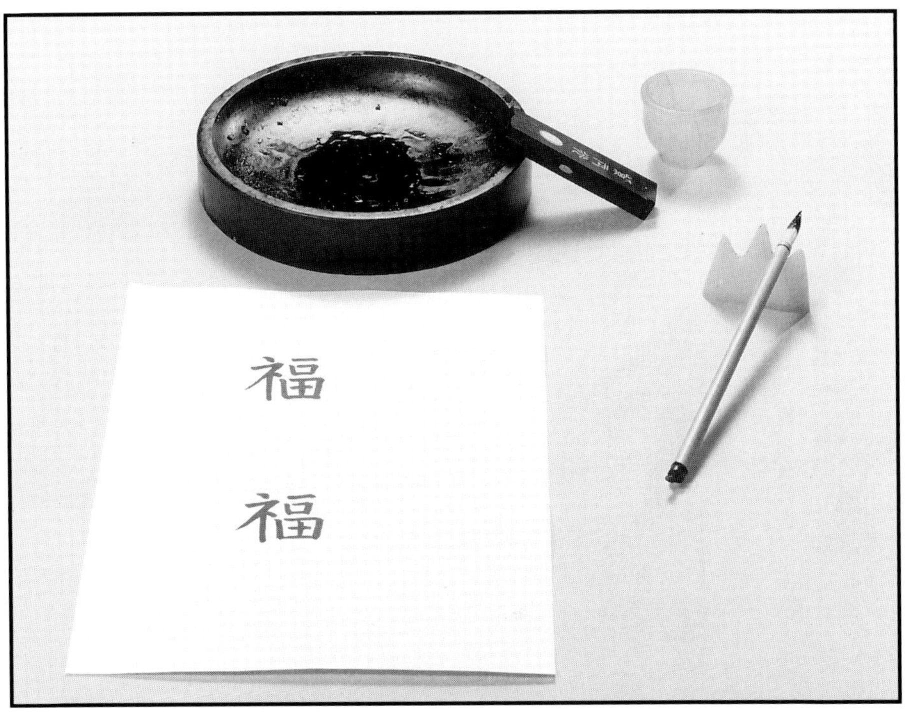

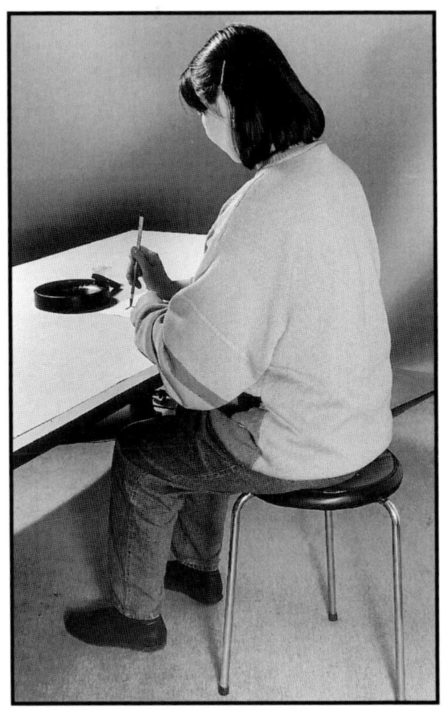

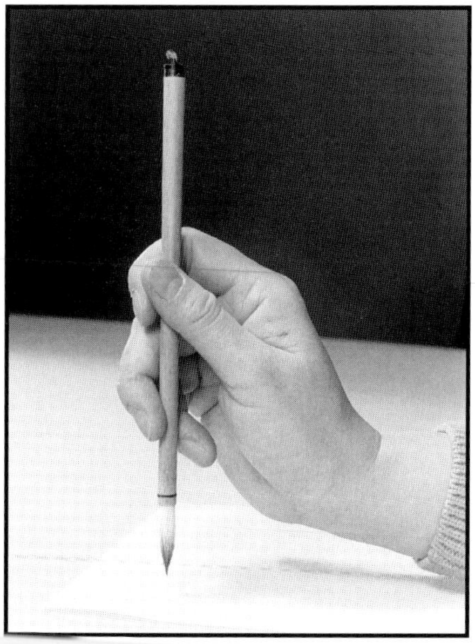

Dadurch wird eine sichere Führung des Schreibinstruments in alle Richtungen unterstützt. Der Daumen und der Zeigefinger sind die wichtigsten Finger. Sie nehmen die Kraftübertragung von Arm und Handgelenk auf und regulieren den Druck der Strichführung. Ring- und Zeigefinger haben die Aufgabe, die Auf- und Abwärtsbewegung sowie die Richtung in Kurven und Wenden zu steuern.

Der Pinsel sollte nur von den Fingern und nicht zu nah an der Handfläche geführt werden, weil sonst die Kraft der Bewegung nicht die Pinselspitze erreicht.

Zu achten ist auch auf die Position der Finger am Pinselsteil. Er wird etwa 4 cm oberhalb der Pinselspitze gehalten. Wird der Pinsel weiter oben gegriffen, werden die Striche bei der Kaishu-Schrift zu schwach und flatterhaft.

Man sollte den Pinsel fest im Griff haben, dabei aber nicht verkrampfen. So entstehen kräftige und urwüchsige Striche. Hält man den Stiel lockerer, kann man zwar subtilere, anmutigere Striche zu Papier bringen, aber es besteht auch die Gefahr, daß die Schrift zu schwach und zu unsicher wird.

Das Handgelenk wird fast waagerecht gehalten.

Links oben:
Pinselhaltung

Unten:
Haltung des Unterarms mit Abstützen (zhàn wěn)

Rechts unten:
Haltung des Unterarms ohne Abstützen (xuān wàn)

Rechts oben:
Leicht gebogene Pinselspitze

Pinselführung

Beim Führen des Pinsels kann sich nicht nur die Hand bewegen, sondern bei der ungestützten Haltung auch der ganze Unterarm. Die Position von Unterarm und Handgelenk hängen im wesentlichen von der Größe der zu schreibenden Schriftzeichen ab, denn diese bestimmt den erforderlichen Aktionsradius. Man unterscheidet vier verschiedene Haltungen des Unterarms.

In der normalen Position (zhuó wàn) ruht das Handgelenk auf der Tischplatte. Diese Haltung ist nur für das Schreiben kleinerer Schriftzeichen geeignet. Für Kǎi shū bis zu mittlerer Größe benötigt die Hand keinen größeren Aktionsradius.

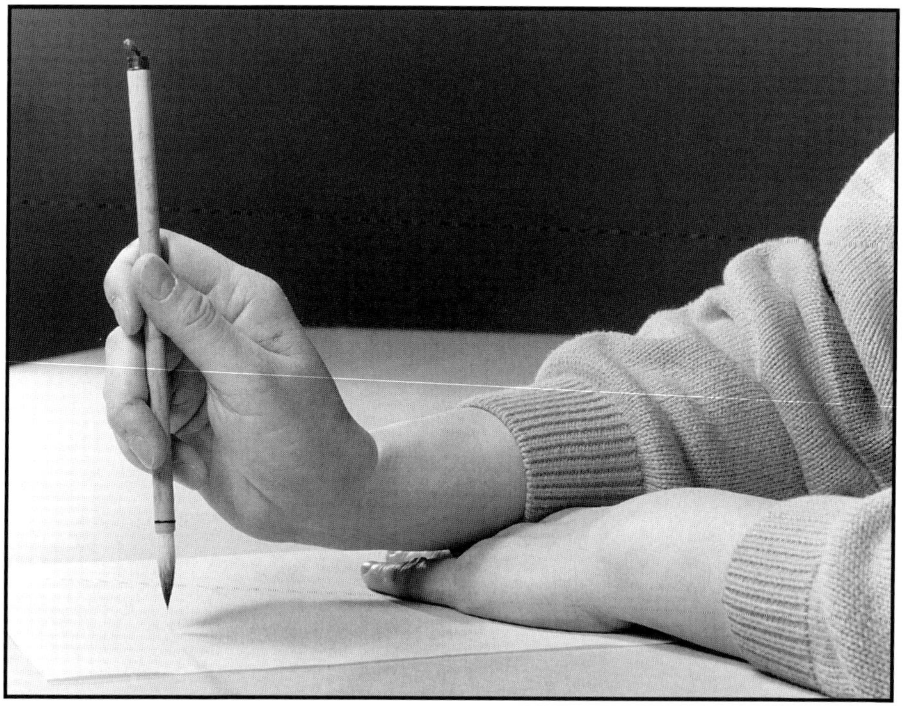

Die linke Hand kann unter dem aufgelegten rechten Unterarm liegen und eine Art von Kissen bilden. Diese Haltung (zhěn wàn) bietet etwas mehr Bewegungsfreiheit. Auf diese Weise kann man gut kleinere und gleichmäßigere Schriftzeichen schreiben.

Bei etwas größeren Zeichen ist es ratsam, den Ellenbogen aufzustützen und den Unterarm in einem Winkel von etwa 25 Grad anzuheben. Diese Haltung (tí wàn) bietet einen großen Spielraum für Pinselbewegungen.

Bei der vierten Haltung (xuán wàn) wird der Unterarm nicht abgestützt. Handgelenk und Unterarm schweben über dem Papier, so daß man die größtmögliche Bewegungsfreiheit für die Pinselführung hat. Die ganze Kraft des Körpers kann direkt an den Pinsel übertragen werden.

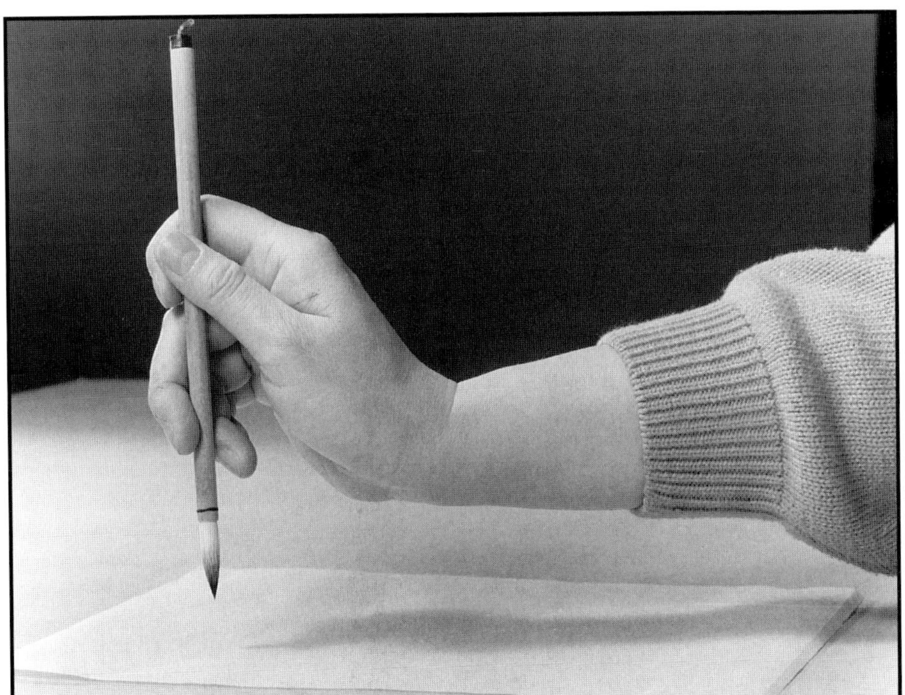

Die korrekte Handhabung des Pinsels ist entscheidend für die Qualität und Beschaffenheit des Pinselstrichs. Sie wirkt sich unmittelbar auf den Gesamteindruck aus. Der wichtigste Grundsatz der Pinselführung ist, daß die Striche in einer einzigen zügigen, aber nicht zu schnellen oder gar hastigen Bewegung bis zum Abschluß sauber ausgeführt werden müssen. Jedes Zögern kommt in den Linien sofort unschön zum Ausdruck. Unterbrechungen sind undenkbar. Die fließende Pinselbewegung setzt Sicherheit voraus, die man nur durch häufiges Üben einzelner Bewegungsabläufe und Striche erreichen kann.

Beim Schreiben eines Striches variiert die Geschwindigkeit. Wenden und breitere Passagen werden langsamer ausgeführt. Auf Strecken mit gerader Bahn und geringer Breite bewegt sich der Pinsel schneller. Für die Variationen der Pinselge-

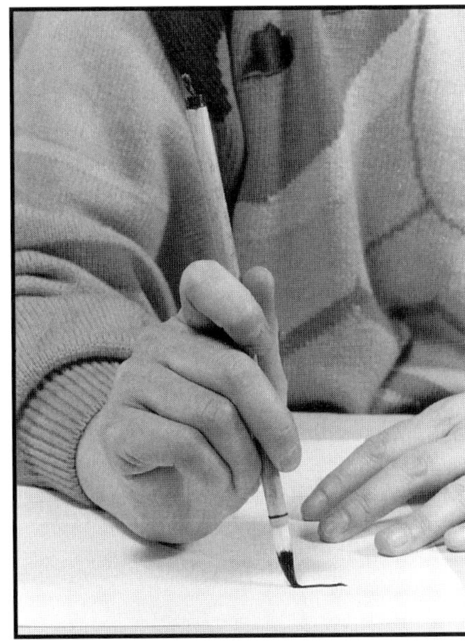

schwindigkeit gibt es keine allgemeine Regel; sie hängen vor allem von dem speziellen Rhythmus ab, den das jeweilige Schriftzeichen erfordert. Nur durch häufiges Üben bekommt man ein Gefühl für den richtigen Rhythmus und die Geschwindigkeiten.

Ein Strich, der einmal zu Papier gebracht wurde, kann nicht mehr verändert werden. Es widerspricht der chinesischen Kalligraphie grundsätzlich, auch nur kleinste Korrekturen anzubringen.

Wenn der Pinsel mit Tusche gefüllt ist, bilden die Haare eine feine Spitze. Der obere Teil der Haare dient als Speicher für Tusche und soll das Papier nicht berühren. Man schreibt nur mit der Spitze beziehungsweise mit dem vorderen Teil der Pinselhaare. Die Spitze folgt der zentralen Linie der Striche. Ideal ist es, wenn die Haare der Spitze beim Ziehen von Strichen leicht gebogen sind.

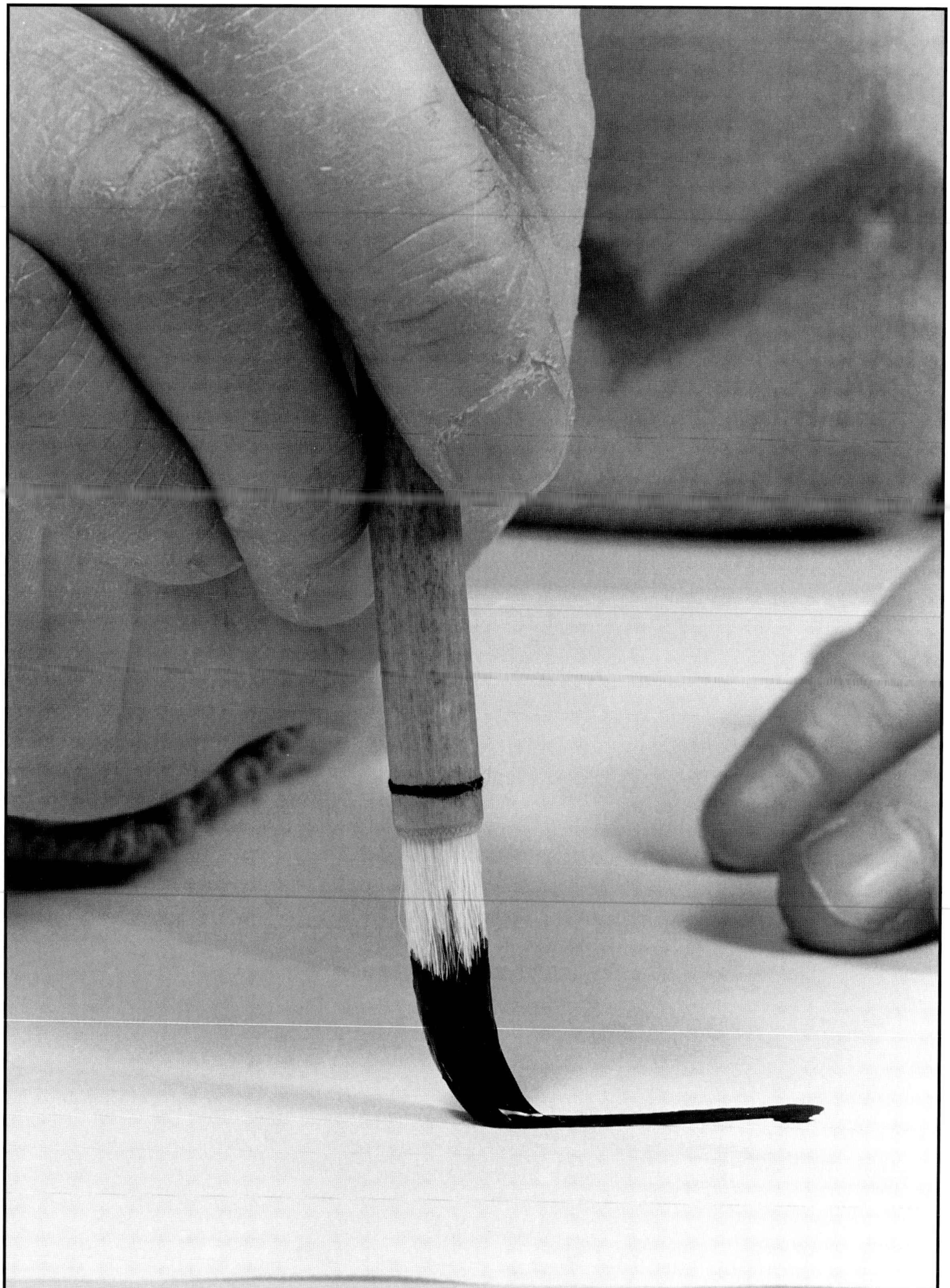

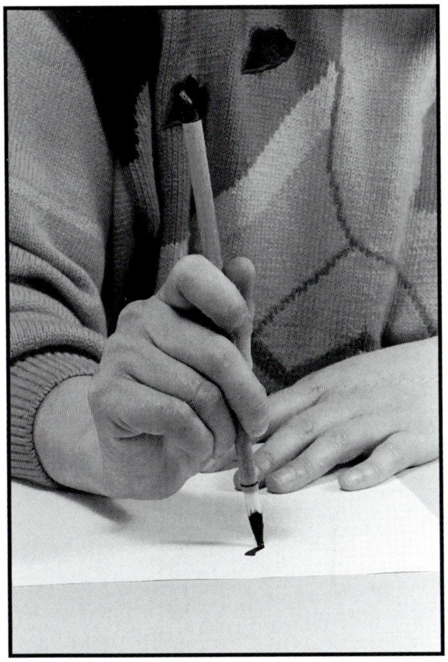

Linke Seite:
Dùn, zunehmender Pinseldruck am Strichende

Links: Tí

Rechts: Tí beim Abheben des Pinsels

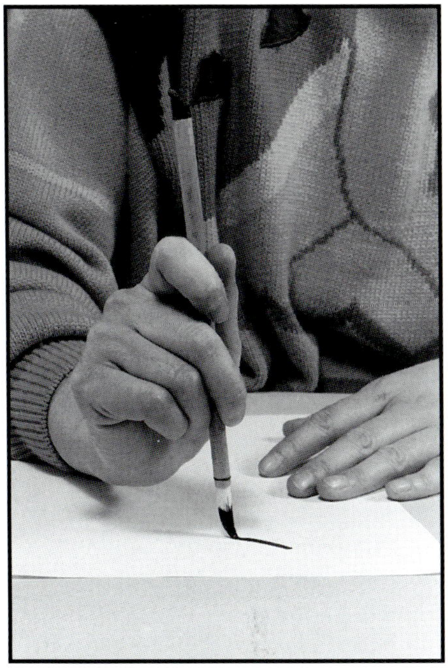

Nà: Man drückt den Pinsel nach unten; fast alle Haare berühren das Papier. So entstehen breite Abschnitte.

Der Kalligraph sollte in der Lage sein, den Druck des Pinsels genau zu kontrollieren, und den fließenden Übergang von Heben und Senken beherrschen. Zu großer Druck ist zu vermeiden, damit die Oberfläche des Papiers nicht beschädigt wird.

Die vertikale Komponente der Pinselführung bestimmt die wechselnde Stärke der Striche, die von großer Bedeutung für den Ausdruck ist. Durch Heben und Senken des Pinsels wird der Druck des Pinselhaars auf das Papier verändert, so daß die Striche schmaler oder breiter werden.
Die Chinesen unterscheiden drei Pinselbewegungen in der vertikalen Ebene:

Dùn: Der Pinsel wird gesenkt, so daß mehr als die Hälfte der Haare die Papieroberfläche berührt. Diese langsame Bewegung ist mit den Wenden am Anfang und Ende der Striche verbunden.

Tí: Der Pinsel wird angehoben, bis er nur noch mit der Spitze die Papieroberfläche berührt, so daß der Strich dünn wird. Diese vertikale Bewegung wird beim Abheben des Pinsels kontinuierlich fortgesetzt, wenn Striche spitz auslaufen.

Für die horizontale Pinselführung ist die Methode der drei Bewegungsrichtungen von zentraler Bedeutung, die auf Chinesisch »sān zhé fǎ« heißt. Sie findet für einen Großteil der Striche Anwendung und sollte deshalb intensiv geübt werden. Die Anfangs- und Endpartien vieler Striche sind durch Rundungen gekennzeichnet, die durch eine kurze Wende des Pinsels entstehen. Die Pinselspitze wird knapp unterhalb bzw. neben dem eigentlichen Anfangspunkt aufgesetzt. Der Pinsel bewegt sich ein kleines Stück in die »falsche« Richtung, um dann eine Wende in die entgegengesetzte Richtung zu machen. Dabei werden die Spuren, die beim Aufsetzen des Pinsels entstehen, vollkommen überdeckt. Am Strichende wird entsprechend verfahren. In den meisten Fällen liegt die Abschlußwende auf der anderen Seite der Mittelachse des Striches. Manchmal liegt sie aber auf der gleichen Seite wie die Anfangswende, wenn es der fließende Bewegungsablauf im Übergang zum nächsten Strich erfordert. Es erfolgt also eine Bewegung mit drei verschiedenen Richtungen und zwei Wendepunkten.

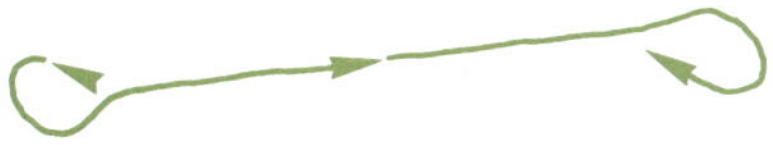

Die Pinselführung nach sān zhé fǎ

Die Grundübung für die Pinselführung läßt sich in drei Phasen aufteilen:

1. Phase: Enge Wende, der Pinsel wird gesenkt, langsamere Bewegung.

2. Phase: Fast gerade, nur leicht gebogene Strecke, zügige Bewegung, kontinuierliches Anheben und dann wieder Senken des Pinsels.

3. Phase: Verlangsamung der Bewegung, Übergang in eine enge Wende, Absenken des Pinsels.

Striche und Punkte

Die chinesischen Schriftzeichen setzen sich aus Punkten (diǎn) und verschiedenen Strichen zusammen. Sie sind die Grundelemente der Schrift, die man am Anfang intensiv üben muß, um die in diesem Buch gezeigten Schriftzeichen gut schreiben zu können. Das Beherrschen der Grundstriche ist die Grundvoraussetzung für erfolgreiche Kalligraphieübungen.

Die natürliche Schönheit der einzelnen Punkte und Striche ist sehr entscheidend für das Schriftbild. Ihre Form und Ausführung variiert etwas mit dem Schreibstil. Kǎi shū, die hier vorgestellte Schrift, ist regelmäßiger als Cǎo shū und Xíng shū. Gerade hinsichtlich der Striche fällt ein entscheidender Unterschied zur formalen abendländischen Schönschreibkunst ins Auge: Die mit breiter oder spitzer Feder gezogenen Striche sind gleichmäßig. Die chinesische Kalligraphie ist dagegen ihrem Wesen nach unregelmäßig und ausgewogen asymmetrisch. Dies kommt auch in der Form der einzelnen Striche und in ihrer Lage zum Ausdruck: Ein waagerechter Strich ist selten genau waagerecht und ein senkrechter Strich steht in der Regel etwas schräg. Darauf sollte der Anfänger beim Kopieren der Vorlagen achten.

Natürlich will der chinesische Kalligraph nicht die Starrheit und Perfektion gedruckter Schrift erreichen, also keine geraden Striche gleichbleibender Dicke und gleichmäßige Kurven, denn die sind monoton. Gute Striche variieren in der Breite; für sie ist ein An- und Abschwellen kennzeichnend. Die ungleichmäßigen Striche und Punkte sollen lebendig wirken, Vitalität und Spannung vermitteln, so, als würden die Kräfte und Dynamik natürlichen Wachstums in ihnen stecken. Sie erinnern an strömende Gewässer, sprießende Blätter, Zweige und andere Naturformen.

Es gibt eine Vielzahl von Punkten und Strichen, die sich durch ihre äußere Form und die Art der Pinselführung unterscheiden. Allein für den Punkt wurden mehrere Dutzend Formen und Ausführungen beschrieben. Verschiedene chinesische Schriftkünstler haben die Striche und Punkte, die vorkommen können, in Typen eingeteilt. Ihre Zahl variiert zwischen 8 und 72. Manche Tabellen führen 24 Strichtypen an, andere 32. Wir wollen den Anfänger nicht durch eine umfassende Unterscheidung der Striche verwirren, sondern nur jene Striche darstellen, die in den Beispielen vorkommen.

Als Ausgangspunkt für einfache Einteilungen dient häufig das Schriftzeichen Yǒng, das Ewigkeit bedeutet und aus acht verschiedenen Strichen besteht. Diese, von dem Kalligraphen Wáng Xī-Zi (321–379 n. Chr.) stammende Einteilung, wurde in dem Buch »Yǒng zì bā fǎ« (Die acht Grundstriche des Yǒng-Schriftzeichens) erklärt. Yǒng enthält allerdings nicht alle Strichtypen, die man benötigt, um jedes gängige Schriftzeichen zu schreiben.

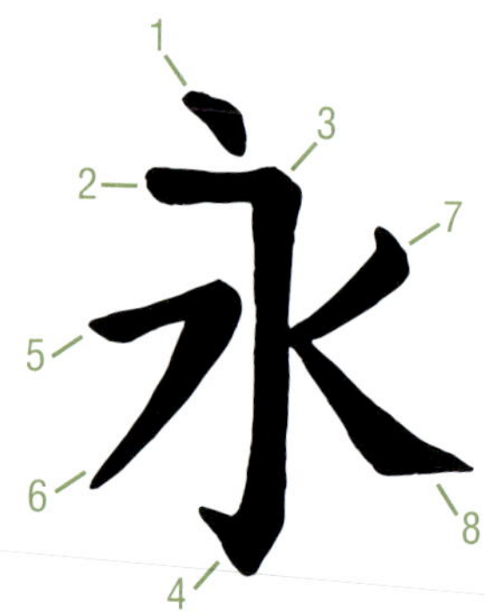

Das Schriftzeichen Yǒng (Ewigkeit)

Es folgt eine Aufstellung der wichtigsten Punkte und Striche. Auf diese Einteilung beziehen wir uns in der Anleitung zu den einzelnen Schriftzeichen, die im nächsten Abschnitt vorgestellt werden.

Bei den Abbildungen ist folgendes zu beachten: Der Umriß zeigt eine ideale Form des jeweiligen Strichtyps. Sie kann bei verschiedenen Schriftzeichen durchaus in Größe und Länge variieren. Auch bezüglich der Neigung der Striche gibt es Spielräume.

Wichtig ist die Bahn, die der Pinsel beim Ausführen eines Striches beschreibt. Die Linien innerhalb der Umrisse zeigen den Verlauf der Pinselspitze auf dem Papier. Viele Striche beginnen und enden mit einer engen Wende, durch die die typischen gerundeten Formen entstehen. Im mittleren Verlauf verjüngen sich die Striche meist durch Anheben des Pinsels. Die Pfeile zeigen die Bewegungsrichtung an, die unbedingt eingehalten werden muß.

Grundstriche

In der chinesischen Kalligraphie unterscheidet man sechs Grundstriche. Sie werden im folgenden Abschnitt genauer dargestellt. Alle weiteren Striche sind als Varianten oder Kombinationen dieser Grundstriche zu betrachten. Da sich Formen und Pinselführung bei den abgeleiteten Strichen wiederholen, müssen sie nicht in allen Einzelheiten erläutert werden.

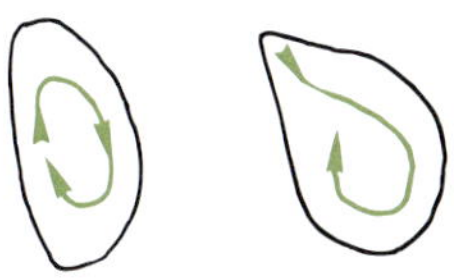

diǎn

Dieser sehr kurze Strich oder Punkt läuft am oberen und unteren Ende mehr oder weniger spitz zu; die linke Seite ist fast gerade, die rechte Seite ist gewölbt. Der diǎn kann nach links oder rechts geneigt sein. Die Bahn des Pinsels beschreibt bei der Standardform des diǎn fast ein Oval. Die Punkte werden schnell mit einer knappen Bewegung der Pinselspitze ausgeführt.
Allein beim Punkt gibt es eine Vielzahl von Variationen (z. B. Formen wie Melonenkerne, Mandeln, Pflaumen, hängende Tropfen usw.) in bezug auf Form (länglich oder gedrängt) und Pinselführung.

héng

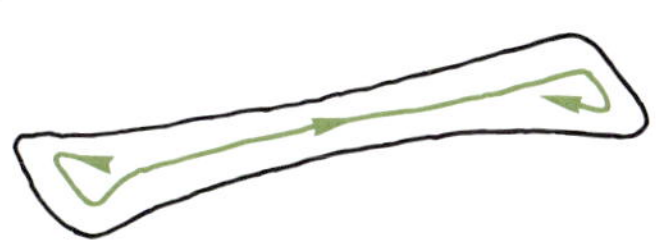

Der nicht ganz waagerecht verlaufende Strich darf nicht gerade, sondern muß leicht gebogen sein. Er steigt in der Regel etwas nach rechts oben an. Am Anfang wird der Pinsel kurz nach links geführt, dann in einer langen Bewegung nach rechts. Am Ende erfolgt wieder ein Richtungswechsel. Die Pinselspitze beschreibt also jeweils eine enge Wende. Im mittleren Abschnitt wird der Strich schmaler.
Es kommen längere und kürzere Héng-Striche vor. Ihre Formen und Ausführung sind im Prinzip gleich.

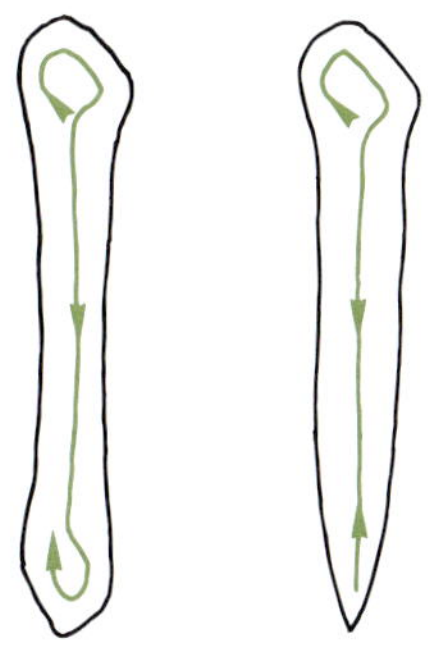

shù

Der Shù-Strich wird ebenfalls nicht ganz gerade gemalt, sondern leicht gebogen und schwungvoll. Er steht aufrecht, aber nie ganz genau senkrecht. Der Strich wird am unteren Ende in einer engen Wende nach oben gezogen.
Eine hin und wieder vorkommende Variante ist der langgezogene, spitz zulaufende shù. Hier läuft der Pinsel am Ende nach oben in den Strich zurück.
Die Shù-Striche können innerhalb eines Schriftzeichens in ihrer Länge variieren.

piě

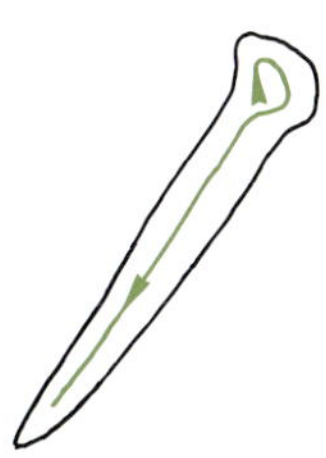

Dieser Strich wird zügig und locker von oben nach links unten gezogen. Er läuft nach unten aus.
Am Anfang wird der Pinsel kurz nach oben geführt. Es folgt eine enge Wende in die entgegengesetzte Richtung. Den kurzen Piě-Strich führt der Pinsel schnell und in einer kurzen Bewegung aus. Die Spitze am unteren Ende entsteht durch Abheben des Pinsels in Bewegungsrichtung.

tí

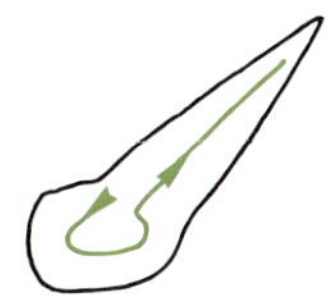

Der tí ist ein kurzer, nach rechts oben aufsteigender Strich. Am Anfang erfolgt eine kurze Bewegung von rechts oben, die in einer Kehrtwende sofort wieder zurück nach rechts oben führt. Der Strich verjüngt sich nach oben und läuft spitz zu. Der Pinsel wird in Bewegungsrichtung abgehoben

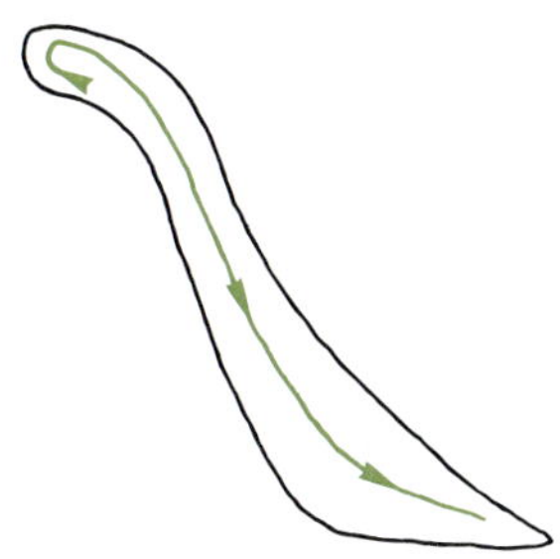

nà

Der nà ist ein nach rechts abwärts auslaufender Strich. Man setzt den Pinsel unterhalb des oberen Endes an. Er wird langsam nach rechts oben ausgeführt. Dann folgt eine kraftvolle Bewegung in die entgegengesetzte Richtung. Der Strich läuft fast waagerecht und spitz aus. Am Ende hebt man die Pinselspitze in Bewegungsrichtung ab. Typisch für diesen Strich ist die Verbreiterung auf der linken bzw. unteren Seite, die dazu führt, daß eine fast waagerechte Unterkante entsteht.
Der nà variiert ebenfalls in Größe und Länge.

Sonstige Striche

Neben den bereits dargestellten Strichtypen gibt es zusammengesetzte bzw. ergänzte Striche, die als Variationen der Grundstriche betrachtet werden können. Sie bestehen aus einem oder zwei Grundstrichen und einer oder mehreren Ergänzungen. Es kommen drei Hinzufügungen in Frage: zhé, der Winkelstrich; wān, der Bogen; gōu, der Haken. Die entsprechenden Partien werden wie die Grundstriche ausgeführt.

Der Bogen wird mit unterschiedlichen Rundungen bei gleichbleibender Breite gemalt. Die Winkel werden in den meisten Fällen nicht durch eine einfache Richtungsänderung ausgeführt. Der Pinsel macht einen kleinen Bogen nach oben, läuft dann ein kleines Stück schräg nach unten, um erst dann auf die Senkrechte einzuschwenken. Dadurch entsteht das typische »Knie«. Innerhalb eines kalligraphischen Werks sollte man nicht die Winkelform wechseln.

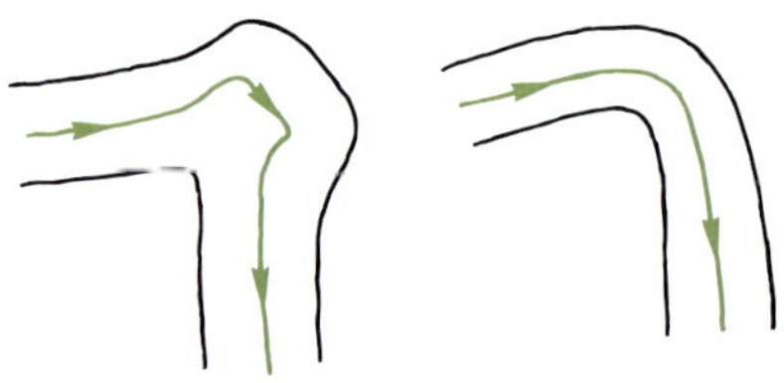

Pinselführungen bei Winkelstrichen (wān)

Eine besondere Pinselführung erfordert auch der Haken (gōu), wie in der folgenden Abbildung zu sehen ist. Je nach Ausführung der Wende am unteren Ende kann man bestimmte Formunterschiede erkennen. Bildet die Bahn der Pinselspitze einen fast geschlossenen Kreis, so entstehen ausgeprägte Rundungen. Zum Abschluß wird die Pinselspitze mit gleichzeitiger seitlicher Bewegung abgehoben, so daß eine Spitze entsteht.

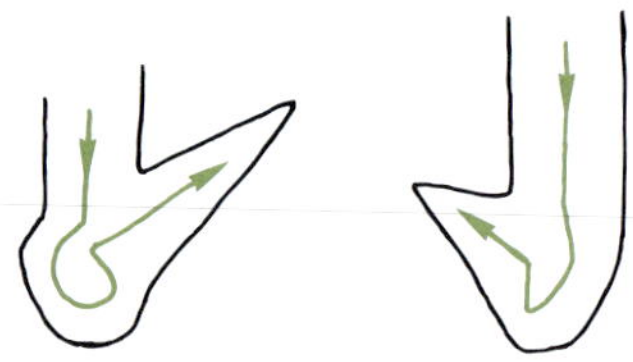

Pinselführungen bei Haken (gōu)

Sehr wichtig ist, daß alle zusammengesetzten Striche ohne Unterbrechung in einer durchgehenden Linie ausgeführt werden.

Im folgenden stellen wir nur jene Striche kurz vor, die auch in den Beispielen dieses Buches zu finden sind.

hénggōu
horizontaler Strich mit Haken

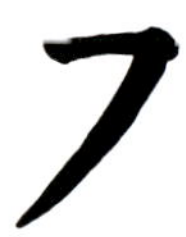

héngpiě
horizontaler Strich mit nach links unten auslaufendem Strich

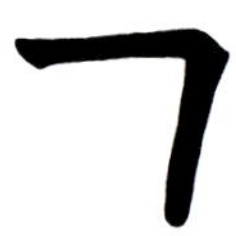

héngzhé
horizontaler Strich mit Winkelstrich

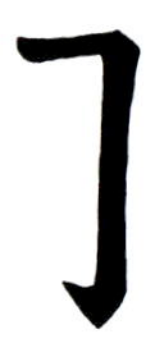

héngzhégōu
horizontaler Strich mit Winkelstrich und Haken

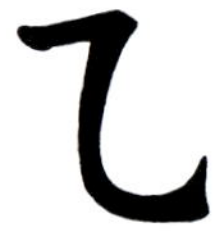

héngzhéwāngōu
horizontaler Strich mit Winkelstrich, der in einen Bogen übergeht; am Ende steht ein Haken

shùgōu
vertikaler Strich mit Haken

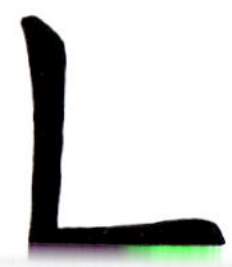

shùzhé
vertikaler Strich mit Winkelstrich

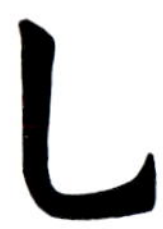

shùwāngōu
vertikaler Strich, in einen Bogen mit Haken übergehend

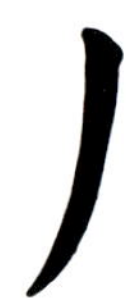

shùpiě
vertikaler Strich, im Bogen nach links unten spitz auslaufend

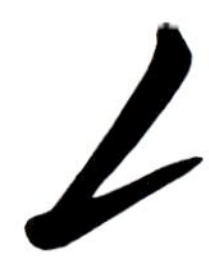

piězhé
abwärts nach links gerichteter Strich mit Winkelstrich, der spitz nach rechts ausläuft

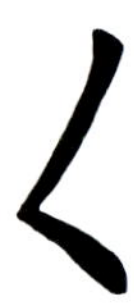

piědiǎn
abwärts nach links gerichteter Strich mit langgestrecktem Punkt

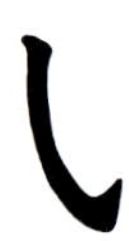

xiégōu
schräger Strich mit Haken

Wo Fleiß und Ausdauer ist
da ließe sich auch ein Stößel
zur Nadel schleifen.

Chinesisches Sprichwort

Übungen

水

Wenn er durch häufiges Wiederholen der entsprechenden Pinselbewegungen die Grundstriche und ihre Variationen beherrscht, kann sich der Anfänger mit ganzen Schriftzeichen auseinandersetzen. Fortschritte werden dadurch erzielt, daß man sich intensiv und in Ruhe jeweils mit einem Charakter auseinandersetzt. Bei den Übungen der zweiten Stufe werden gut gelungene Beispiele so oft kopiert, bis das abgemalte Zeichen genau der Vorlage entspricht. Durch das häufige Wiederholen geht die Ausführung in Fleisch und Blut über. Man prägt sich dabei die Form der Schriftzeichen gut ein.

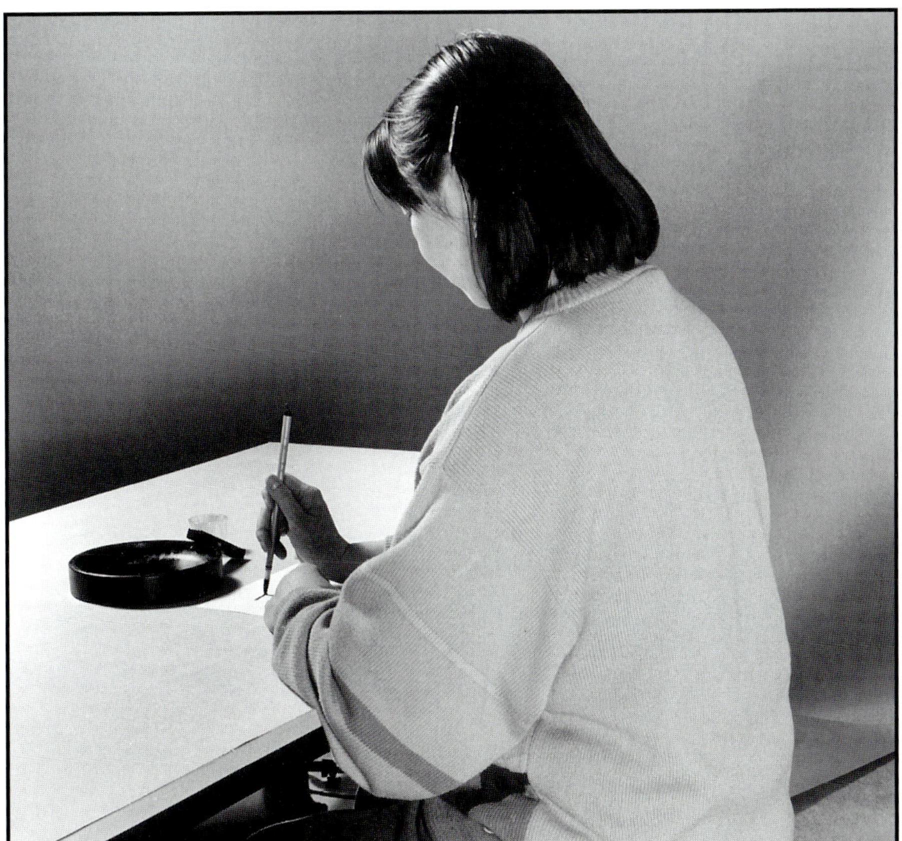

Schriftzeichen

Für jedes chinesische Wort gibt es ein einmaliges Schriftzeichen mit einem eigenen, unverwechselbaren Aufbau. Die Schriftzeichen setzen sich aus einem oder mehreren Strichen genau definierter Form zusammen. Diese Grundbestandteile werden in unterschiedlicher Weise miteinander kombiniert. Die einzelnen Schriftzeichen, auch Charaktere genannt, sind in ihrer Struktur, Physiognomie und Zusammensetzung unveränderlich; Weglassungen und Anfügungen können nicht vorgenommen werden. Auch innerhalb der kalligraphischen Stile gibt es nur begrenzt Variationsmöglichkeiten der Form.

Ein Schriftzeichen ist mit einem abstrakten Bild vergleichbar, mit dem der chinesische Leser einen bestimmten Begriff verbindet. Es werden also von der Schrift keine gesprochenen Laute wiedergegeben, denn die graphischen Zeichen haben einen in dieser Hinsicht willkürlichen formalen Aufbau. Ihre Bedeutung muß als Ganzes unmittelbar erfaßt werden. Als Schwierigkeit kommt hinzu, daß sie oft keinen Symbolcharakter mehr haben und den Bezug zur ursprünglichen Bildhaftigkeit verloren haben. Sogar bei einfachen Ideogrammen (Begriffszeichen) ist es in den meisten Fällen unmöglich zu erraten, was sie darstellen sollen.

Die chinesischen Schriftzeichen lassen sich in bezug auf Herkunft, äußere Form und Art ihrer Aussage oder Bildung in mehrere Typen einteilen.

Es gibt die direkten Weiterentwicklungen der ursprünglichen Bildzeichen. Es sind oft verhältnismäßig einfache Zeichen, bei denen das zugrundeliegende, ursprüngliche Bild bzw. Objekt z.T. noch zu erkennen, in vielen Fällen aber inzwischen vollkommen verformt ist. Diese Begriffe betreffen vor allem elementare Naturerscheinungen und Merkmale des Menschen.

Eine relativ große Gruppe bilden die zusammengesetzten Schriftzeichen, die einen neuen Begriff ergeben und häufig Eigenschaften bezeichnen. Die Assoziation, die die Chinesen bei der Vereinigung zweier Zeichen bzw. Objekte haben, begründet eine neue Bedeutung oder eine abstrakte Idee. Für Europäer ist die Vorstellung, die hinter der logischen Beziehung steht, oft nicht unmittelbar nachvollziehbar. Durch die Kombination einfacherer Zeichen entstehen vielfältige neue Bedeutungen. Eine Methode ist das Kombinieren von zwei Gegenständen mit der gleichen Eigenschaft, um diese auszudrücken. So bedeutet z. B. die Vereinigung von Sonne und Mond in einem einzigen Schriftzeichen »hell« (siehe Seite 32).

Die weitaus größte Gruppe unter den Charakteren sind die phonetischen Zusammensetzungen oder Lautbildungen. Sie bestehen aus den Sinnträgern und den Lautträgern. Ein einzelnes Lautzeichen reicht in der Regel nicht aus, um den gemeinten Gegenstand genau zu definieren, da ein bestimmter Laut in der Regel mehrere sehr unterschiedliche Bedeutungen hat. Chinesisch ist eine homophone Sprache, d. h. sie hat zahlreiche einsilbige, gleichlautende Wörter. Deshalb ist ein sinngebender Teil erforderlich, der die Bedeutung vermittelt. Diese Zusatzzeichen, die in der Regel auf der linken Seite stehen, werden Radikal genannt. Sie zeigen an, zu welchem Gegenstandsbereich der jeweilige Begriff gehört. So kann z. B. der Laut »fang« unter anderem Quadrat, Bezirk, Brett und fragen bedeuten. Erst wenn das Schriftzeichen mit dem Radikal »Baum, Holz« kombiniert ist, wird deutlich, daß es sich um ein Brett handeln soll.

Eine weitere Gruppe sind die Ableitungen. Die entsprechenden Schriftzeichen unterscheiden sich zwar in der Aussprache, aber durch ihre große Ähnlichkeit begründet sich ein Bedeutungszusammenhang.

Schließlich gibt es Schriftzeichen, die im jeweiligen Zusammenhang phonetische Entlehnungen darstellen. Bei Begriffen, die schwierig darzustellen sind, wird einfach das Schriftzeichen eines anderen Wortes übernommen, das den gleichen Klang, aber eine ganz andere Bedeutung hat.

Die Gestaltung und Zusammensetzung der Schriftzeichen folgt mehr oder weniger starren überlieferten kompositorischen Regeln. Die Regeln betreffen nicht nur die Art der Striche, die zu zeichnen sind, sondern auch die Raumaufteilung und die Größenverhältnisse der Bestandteile untereinander, obwohl es bei den verschiedenen Schreibstilen

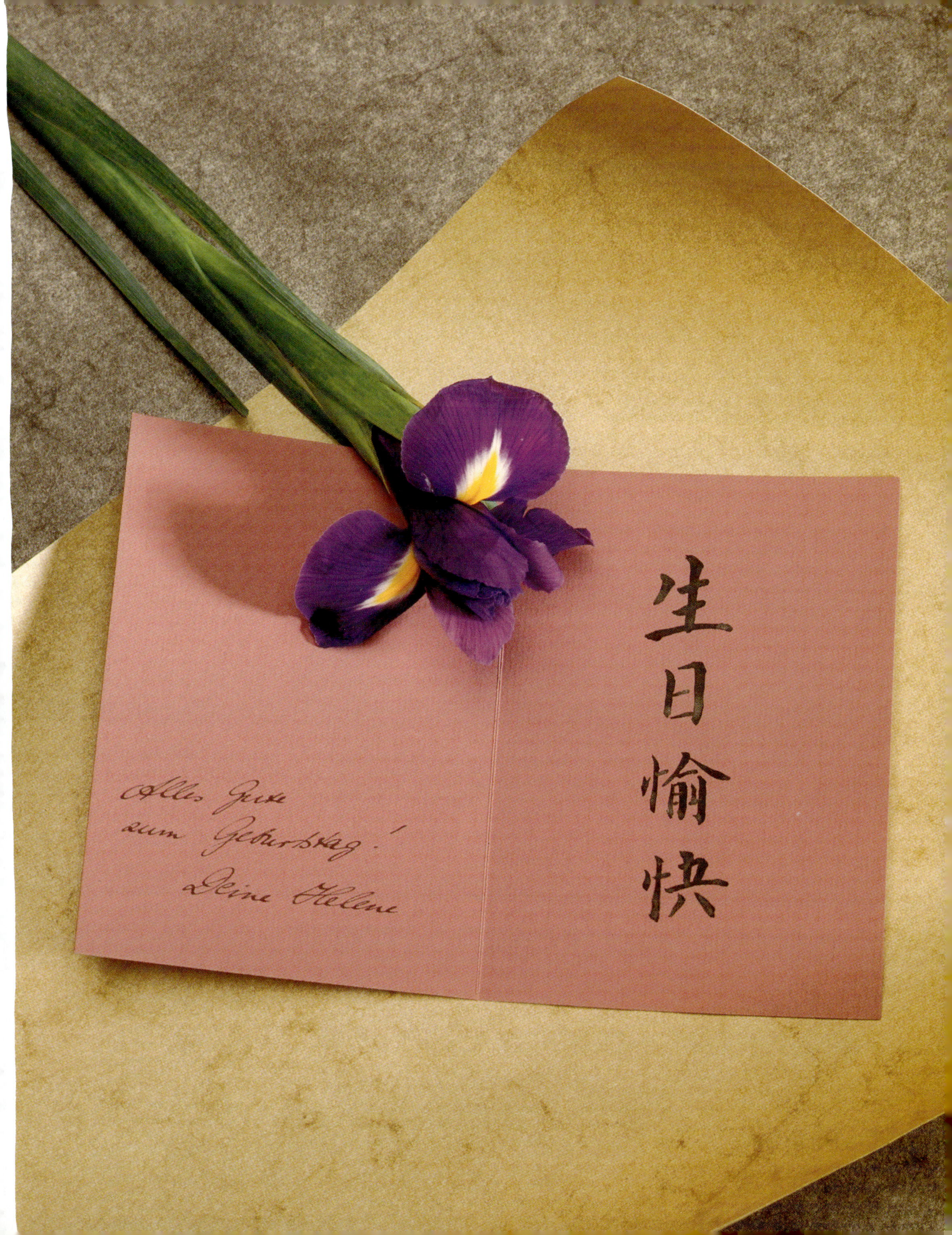
Alles Gute
zum Geburtstag!
Deine Helene
生日愉快

Vorige Seite:
Die chinesischen Schriftzeichen bedeuten »fröhlicher Geburtstag«.
Eine Vorlage dazu finden Sie auf S. 52.

Unten: »Eine glänzende Karriere« wünscht der untere Brief, der obere lädt zur Hochzeit ein. Auf S. 52 und 55 ist die passende Textvorlage.

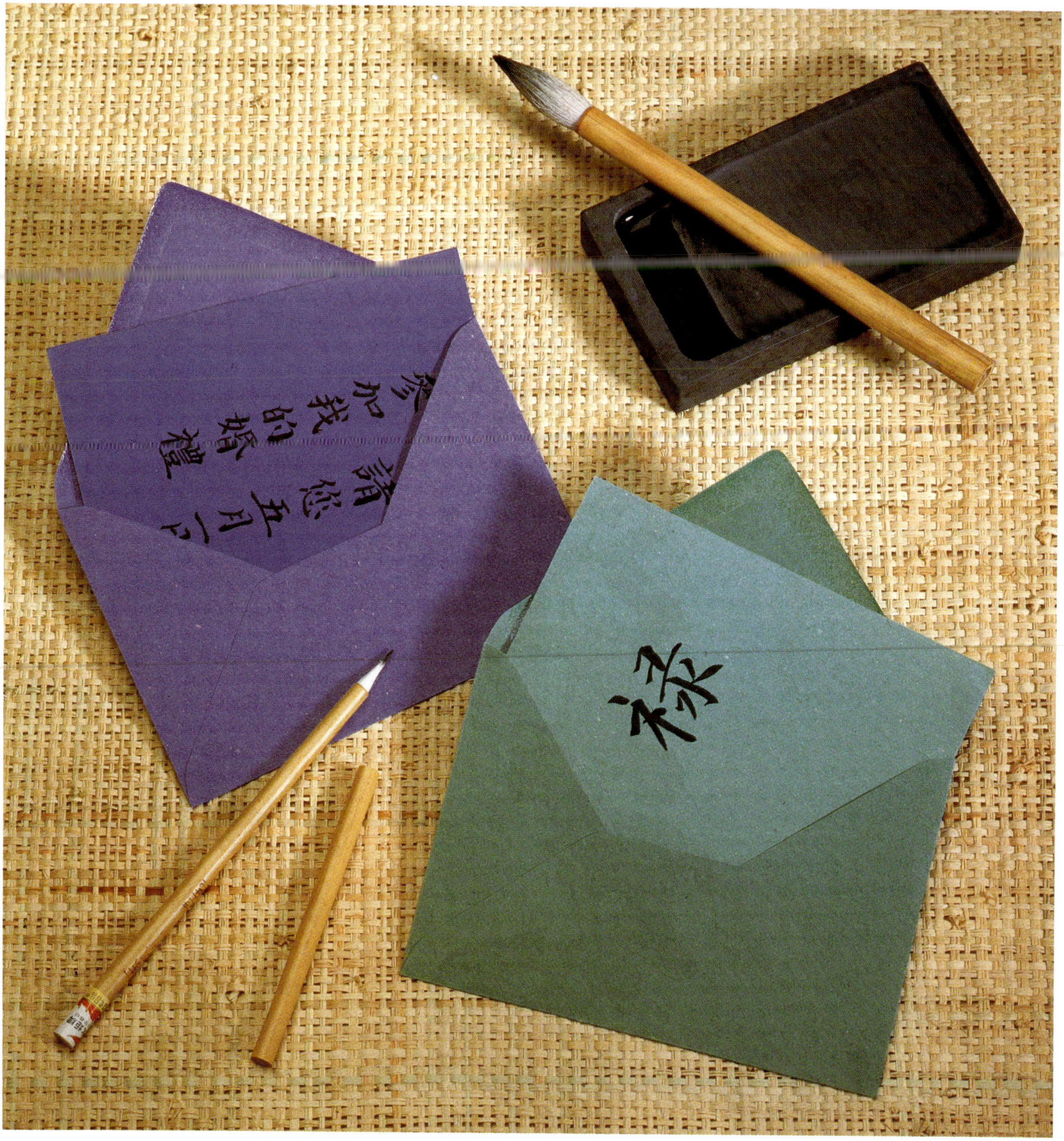

Unten: Diverse Umschläge mit Adressen in China: Oben steht die Adresse, in der Mitte der Name des Empfängers, unten Name und Anschrift des Absenders.

Nächste Seite: »Grüße aus Deutschland« sendet dieses Blatt. Vergleichen Sie die Vorlage auf S. 53.

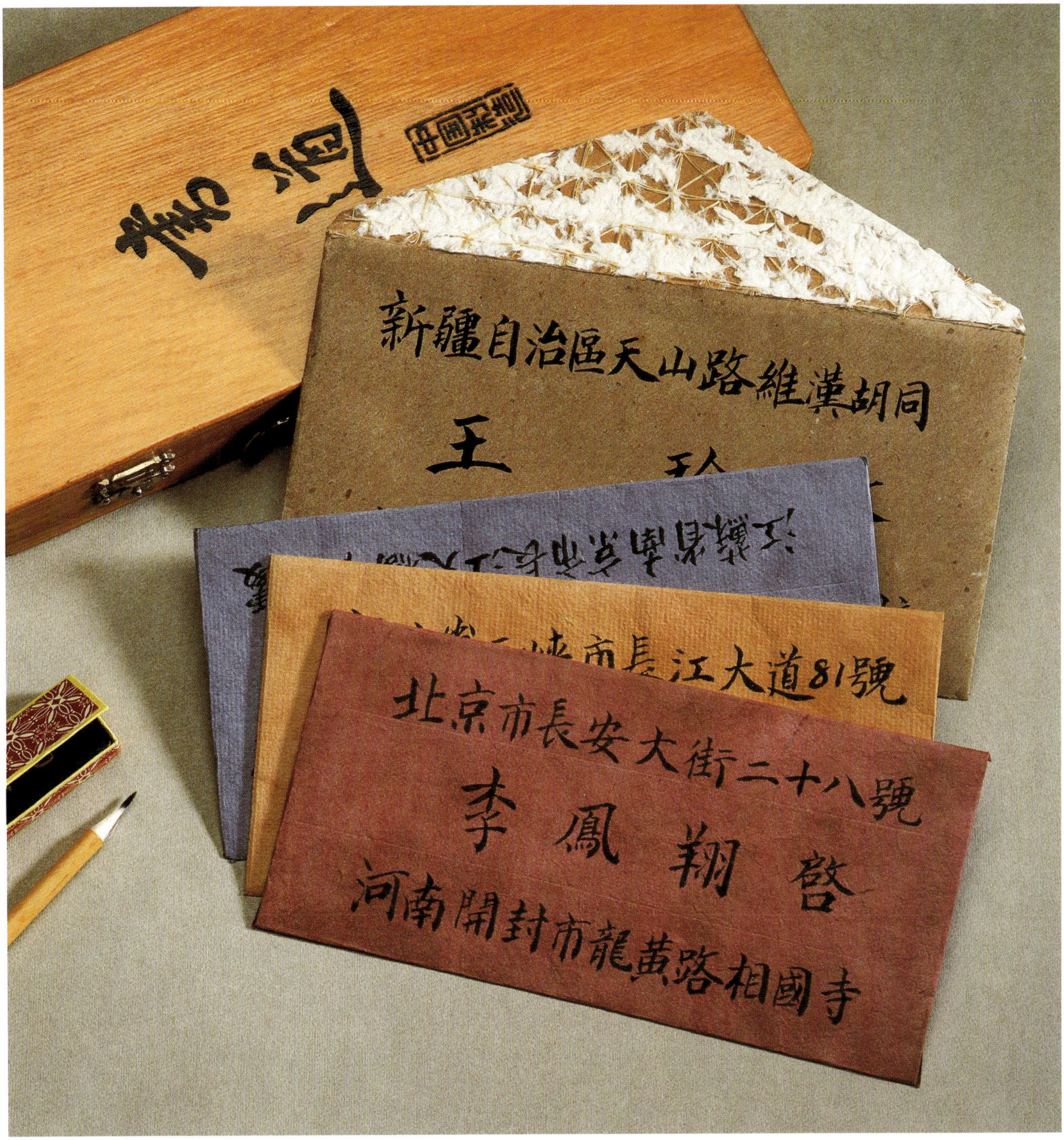

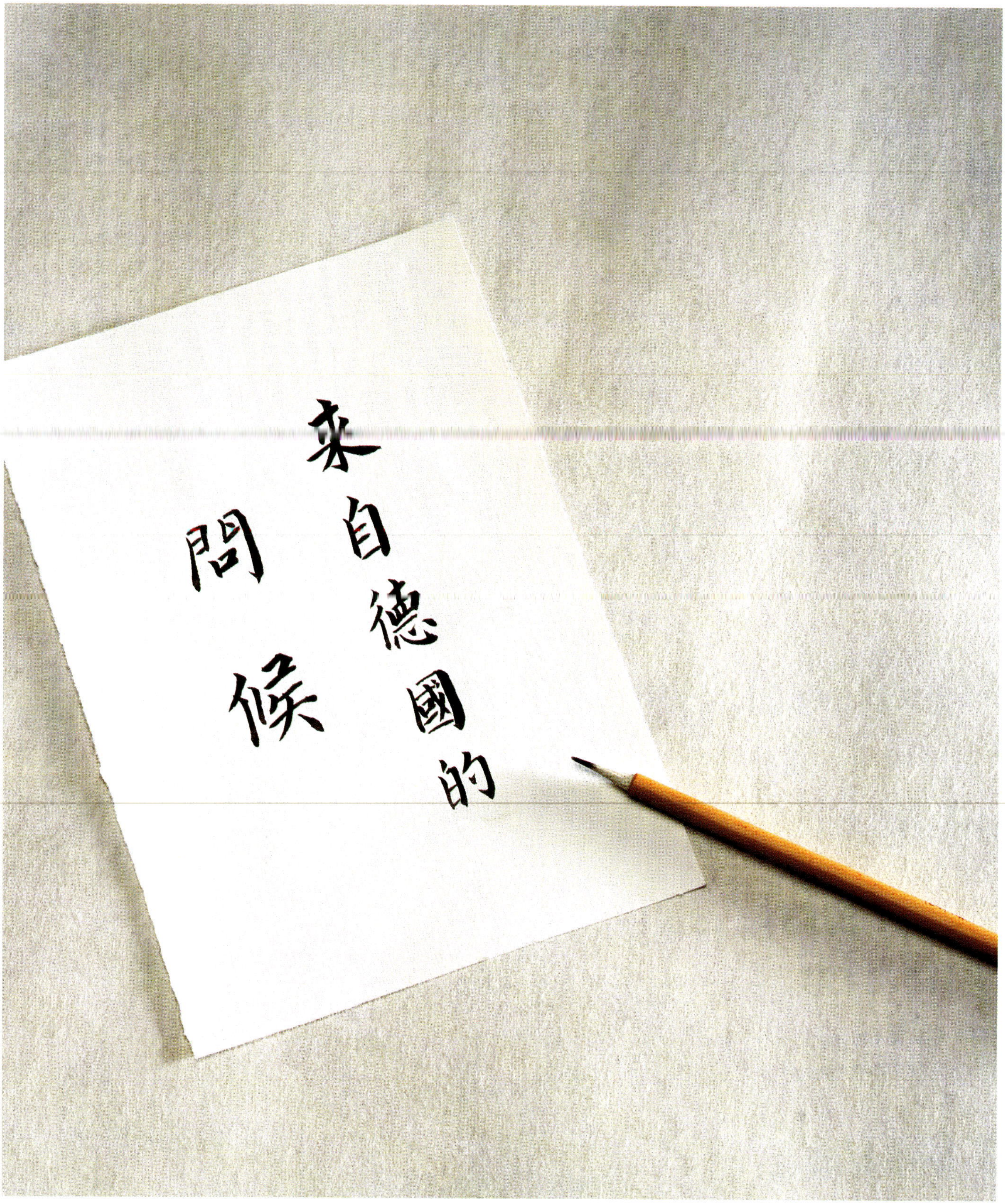
来自德國的
問候

gewisse Gestaltungsspielräume gibt. Das Gerüst der Komposition ist die Beziehung aller Teile zueinander. Jede einzelne Linie ebenso wie die Zwischenräume, in denen unsichtbare Kräfte wirken, spielen eine Rolle im Gesamtgefüge.

Zunächst muß man davon ausgehen, daß sich jedes Schriftzeichen im Rahmen eines imaginären Vierecks bewegt. Im Falle von Kai shū wird der Raum von einem Quadrat gebildet. Ein wichtiger Aspekt ist hierbei die Einbeziehung der Zwischen- und umgebenden Räume bei der Gestaltung des Schriftzeichens. Für den Anfänger bildet das eingeteilte Quadrat zudem einen hilfreichen Orientierungsrahmen. Die ästhetischen Regeln, nach denen Ausgewogenheit, Spannung und Dynamik durch die Einteilung gleichzeitig erzielt wird, lassen sich nur sehr schwer in Worte kleiden. Man muß sie durch intensives Betrachten vieler guter Beispiele intuitiv erfassen.

Wenn man das Quadrat als Hilfskonstruktion verwendet und in vier Unterquadrate teilt, darf man sich nicht dazu verleiten lassen, einen symmetrischen Aufbau anzustreben. Die chinesische Kalligraphie folgt dem Prinzip der dynamischen Asymmetrie. Das bedeutet, daß die linke und die rechte sowie die untere und obere Hälfte niemals genau gleich sind, auch wenn das Schriftzeichen in seiner formalen Schreibweise symmetrisch angelegt ist. Dadurch wird eine unbewegliche Form und streng frontale Ansicht vermieden. Die asymmetrischen Schriftzeichen wirken meist etwas gedreht. Zwischen ungleichen Hälften entwickelt sich ein lebhaftes Spannungsverhältnis. Im allgemeinen wird die linke Hälfte kleiner gezeichnet.

Wenn man viele chinesische Charaktere miteinander vergleicht, fällt auf, daß es eine Reihe von bestimmten Strichverbindungen gibt, die immer wieder auftauchen. Diese Komplexe werden immer auf gleiche Weise geschrieben, mal größer, mal etwas kleiner. So ist z. B. das Zeichen für Sonne in vielen Begriffen integriert. Es ist sinnvoll, daß der Anfänger besonders diese wiederkehrenden Teileinheiten übt.

Viele Schriftzeichen kann man gut behalten, wenn man sich vor allem ihre Grundstruktur betrachtet. So gibt es Zeichen, die von einem in die Mitte gesetzten Shù-Strich dominiert werden; er bildet eine Art von Rückgrat. Viele Charaktere werden durch einen kräftigen horizontalen Strich geprägt; er vermittelt Festigkeit und Ausgewogenheit. Häufig kommen Dachformen vor. Das Beispiel, das wir zeigen, ist das Schriftzeichen für Gold oder Metall (siehe Seite 35). Das Dach gibt den Strichen, die sich darunter befinden, organischen Zusammenhalt.

Bei zusammengesetzten Schriftzeichen muß man darauf achten, daß die Teile integriert sind, denn es soll eine in sich geschlossene Einheit gebildet werden. Der Abstand zwischen den Teilzeichen muß deutlich verringert werden. Damit es nicht zu Überschneidungen kommt, wird ein Zeichen verkleinert oder es werden Striche gekürzt. Betroffen ist meist der linke Teil. Durch die Vereinigung können Unausgewogenheiten entstehen, die die Verlängerung einzelner Striche erforderlich machen. Die Striche sind in einer genau festgelegten Reihenfolge und Bewegungsrichtung zu setzen. Dies mag dem Anfänger als nicht so wichtig erscheinen, ist aber von größter Bedeutung. Strichfolge und Richtung der Pinselbewegung bestimmen bei einer zügigen Ausführung eines Schriftzeichens das Tempo und den Rhythmus. Erst der dynamische und harmonische Ablauf garantiert eine ausdrucksstarke Kalligraphie. Die gesamte Bewegung wird am Beispiel des Schriftzeichens dà (groß) dargestellt. Es ist zu erkennen, daß eine andere Reihenfolge diesen harmonischen, flüssigen Ablauf nicht ermöglichen würde.

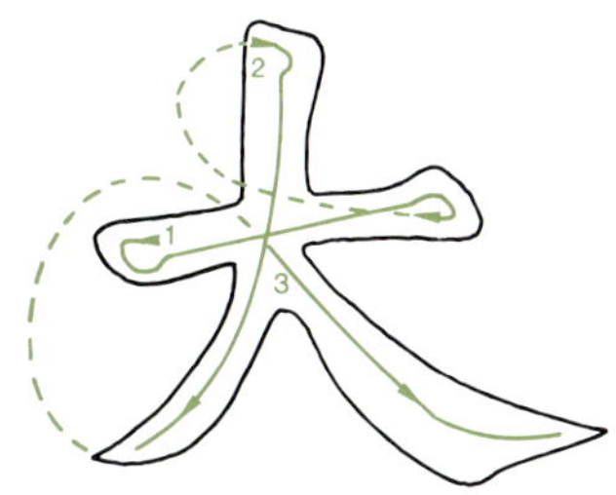

Bewegungsablauf beim Schriftzeichen dà

Für das Anordnen der Pinselstriche gibt es allgemeine Vorschriften: Beim Schreiben der einzelnen Striche geht man von links nach rechts, von oben nach unten und von außen nach innen vor.

Schön geschriebene chinesische Schriftzeichen sind eine einmalige Möglichkeit, Abstraktes künstlerisch zu gestalten. Ihr Kennzeichen ist der visuelle Reiz, der sich aus der Verbindung von Vitalität, Dynamik, Harmonie und Spannung ergibt. Die Schriftzeichen, die sich durch ein klares Bild und natürliche Schönheit auszeichnen sollen.

Arbeiten nach Vorlagen

In der chinesischen Kalligraphie kann man nur Fortschritte erzielen, wenn man sich intensiv mit Schreibvorlagen auseinandersetzt und versucht, die Schriftzeichen sehr genau nachzuschreiben. Man betrachtet die Länge und Form der einzelnen Striche sowie den gesamten Aufbau. Nach dem Abschreiben soll ein aufmerksamer und kritischer Vergleich mit der Vorlage erfolgen, um notwendige Korrekturen zu erkennen.

Bei jedem weiteren Versuch geht es darum, die eigene Kalligraphie zu korrigieren und möglichst die Form der Vorlage zu erreichen, was nur in kleinen Schritten möglich ist.

Je länger man auf diese Weise übt, umso besser gelingen die einzelnen Punkte, Striche und Proportionen. Indem der Anfänger mehrere Schriftzeichen ständig wiederholt, erkennt er intuitiv die kompositorischen Regeln und graphischen Strukturen, denen die chinesische Kalligraphie folgt. Dabei kann man sich auch die Schriftzeichen einprägen. Es ist recht schwierig, sie im Gedächtnis aufzunehmen, weil der Aufbau jedes Schriftzeichens einmalig ist und nur zum Teil aus anderen Zeichen abgeleitet werden kann.

Einerseits ist es hilfreich, bildhafte Vorstellungen mit den Schriftzeichen zu verbinden und sich deren ursprüngliche Symbolik zu merken, um sie leichter aus dem Kopf schreiben zu können, andererseits führen entsprechende Interpretationen bei unbekannten Charakteren meist in die Irre.

Auch die chinesischen Meister der Kalligraphie haben in ihren Lehrjahren unzählige Vorlagen studiert und kopiert, um ein hohes künstlerisches Niveau zu erreichen und schließlich einen eigenen Duktus zu entwickeln. Bei vielen chinesischen Kalligraphen führte das Kopieren alter Meister in Hunderten von Stunden, das als Übung der Technik begann, zu technischer Vollkommenheit, allerdings verbunden mit einer Sterilität und Ausdruckslosigkeit, die kein visionäres Erlebnis vermitteln kann. Trotz relativ starrer Formen gibt es in der chinesischen Kalligraphie doch Spielräume für den persönlichen Ausdruck.

Im folgenden werden zunächst einfache und dann schwierigere Schriftzeichen vorgestellt, die der Anfänger durch Nachschreiben möglichst oft üben sollte. Durch ständiges Üben gewinnt man an Sicherheit, so daß auch das Schreiben neuer Zeichen leichter fällt und ein Gefühl für die richtigen Proportionen entsteht.
Als Hilfe werden jeweils die Art der Striche, die Reihenfolge und die Richtung der Pinselführung angegeben. Man sollte sich zunächst an der Einteilung der roten Quadrate orientieren und die Schriftzeichen auf Blätter übertragen, auf denen man die gleichen Raster mit Bleistift vorgezeichnet hat. Um ein Gefühl für den richtigen Schwung zu bekommen, kann man ganz am Anfang die Umrisse der Striche von Schriftzeichen auf Transparentpapier durchpausen und dann mit jeweils einem Pinselstrich ausfüllen.

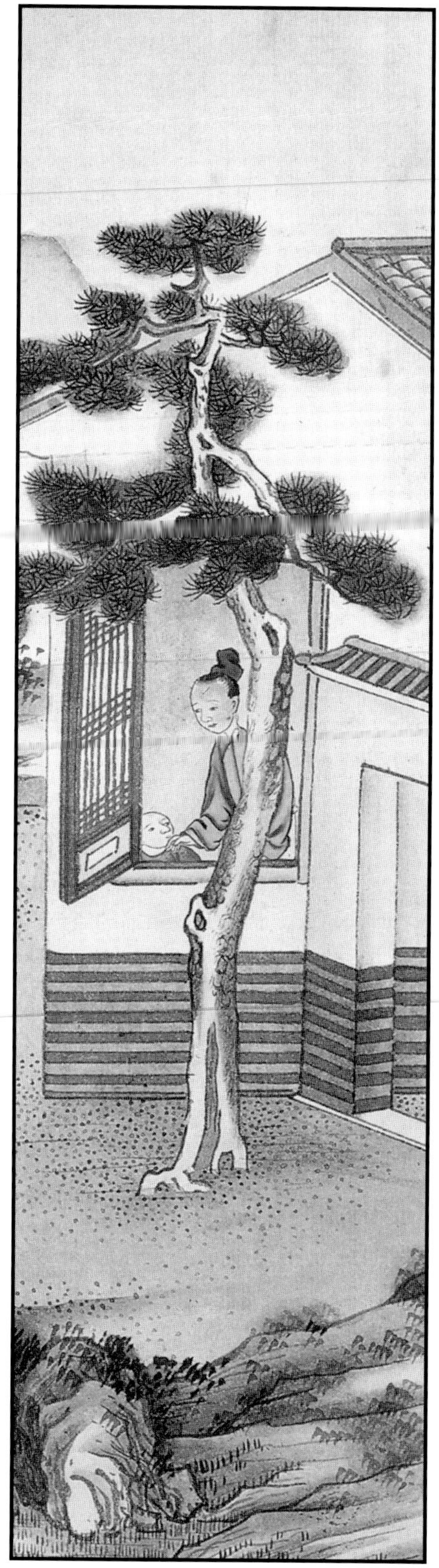

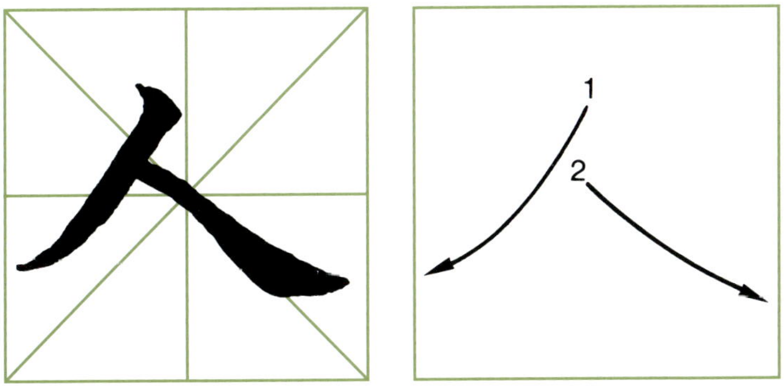

Mensch: rén

Strichfolge: 1 piě, 2 nà

Der Nà-Strich wird etwas unterhalb des oberen Endes des Piě-Striches angesetzt. Die Form erinnert an den großen Ausfallschritt eines Menschen. Die unteren Enden der beiden Striche berühren fast den quadratischen Rahmen.
Das ursprüngliche Piktogramm betonte die aufrechte Haltung des Menschen und zeigte Merkmale wie Kopf, Hände und Füße, die im Laufe der Zeit entfielen.
Durch die Kombination anderer Schriftzeichen mit dem Radikal von rén werden viele neue Begriffe gebildet (siehe z. B. unter »Ausruhen«, S. 33).

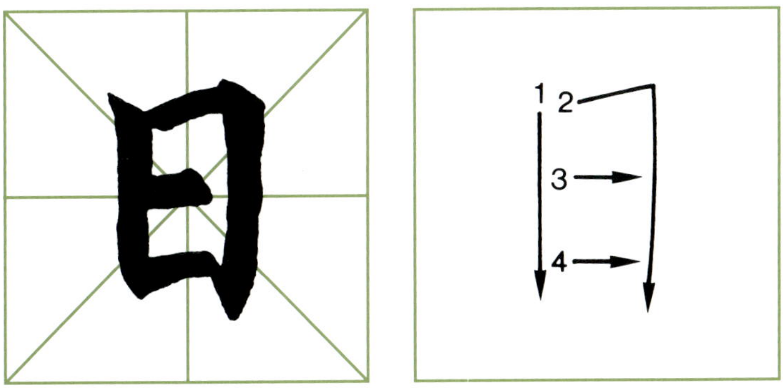

Sonne: rì

Strichfolge: 1 shù, 2 héngzhé, 3 héng, 4 héng

Auf allen vier Seiten bleibt ein größerer, etwa gleichbreiter Rand zum quadratischen Rahmen. Man sollte rechte Winkel vermeiden. Die Querstriche (héng) verlaufen nicht waagerecht.
Die Chinesen verbinden das Zeichen für Sonne mit dem männlichen Prinzip.
Das Zeichen kommt in vielfältigen Kombinationen vor. Beispiele werden im folgenden gezeigt. In bestimmten Zusammenhängen bedeutet das Schriftzeichen auch Tag.

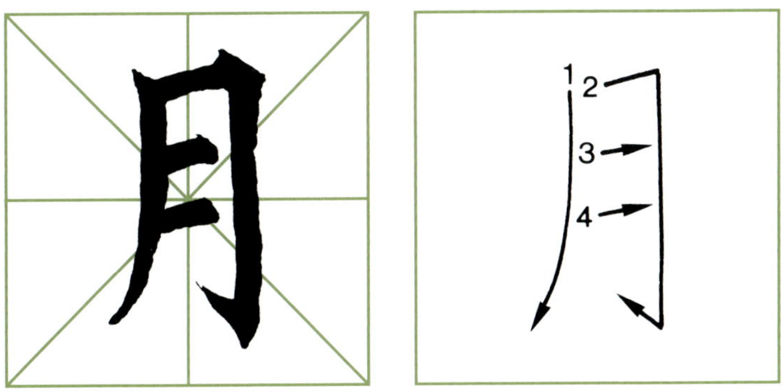

Mond: yuè

Strichfolge: 1 shù, 2 héngzhégōu, 3 héng, 4 héng

Der Shù-Strich ist etwas stärker gebogen als ein normaler shù. Die beiden senkrechten Striche begrenzen das mittlere Drittel des Feldes. Der Mittelpunkt des Quadrats liegt im Rechteck, das von den beiden Héng-Strichen gebildet wird. Die waagerechten Striche sollen den héngzhégōu nicht berühren.
Das ursprüngliche Piktogramm zeigt einen der Erde zugewandten, zunehmenden Mond. Die Chinesen lieben den Mond. In vielen Erzählungen hat er eine mythologische Bedeutung. Das Mond-Zeichen kann auch Monat heißen.

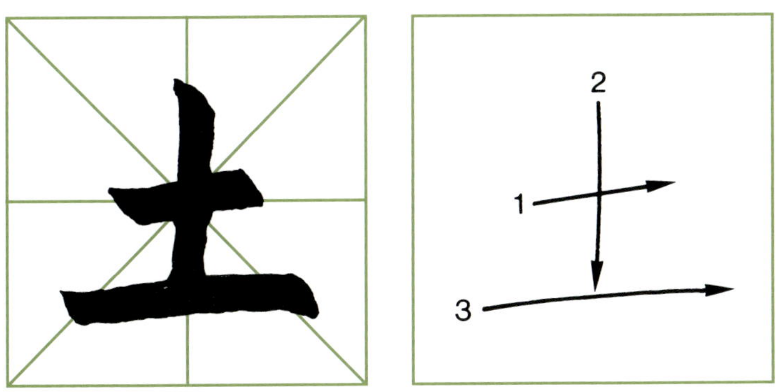

Erde, Grund und Boden: tǔ

Strichfolge: 1 héng, 2 shù, 3 héng

Zuerst wird ein Kreuz gemalt. Der Schnittpunkt der beiden Striche liegt etwas oberhalb des Quadratmittelpunkts. Schließlich folgt als Basis ein langer, schwungvoller Héng-Strich.
In dem ursprünglichen Schriftzeichen wurde der Altar des Ackerbodens abgebildet. Erde gehört neben Feuer, Wasser, Metall und Holz zu den fünf Elementen, in denen nach Auffassung der Chinesen alle Dinge ihren Ursprung haben. Weil die Erde in vielen Lebenszusammenhängen eine große Bedeutung hat, kommt das Tǔ-Zeichen in seiner Vollform und als Radikal in vielen Charakteren vor.

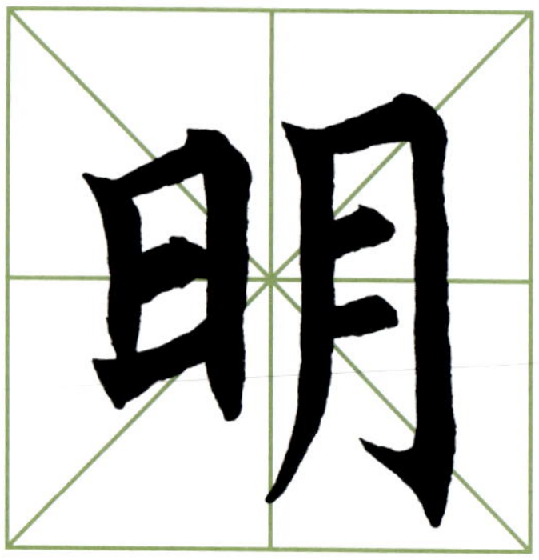

hell, erleuchtet: míng

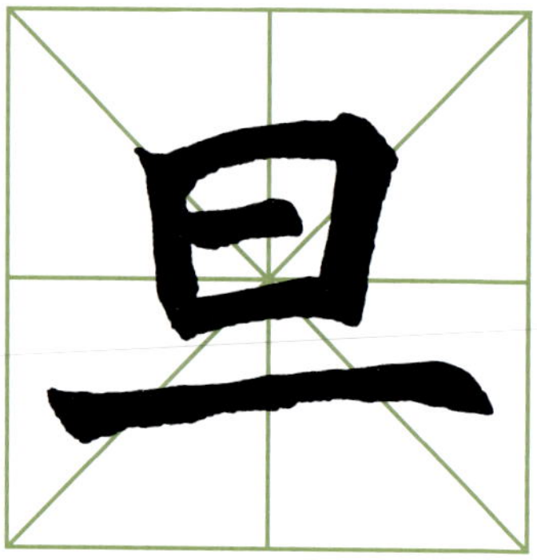

Sonnenaufgang: dàn

Hier werden zwei einfachere zusammengesetzte Schriftzeichen vorgestellt, in denen das Zeichen für Sonne vorkommt. Durch die Kombination von zwei Charakteren entsteht eine neue Bedeutung.
Im Míng-Zeichen kommen die beiden leuchtenden Himmelskörper Sonne und Mond vor, um ihre gemeinsame Eigenschaft, nämlich die Helligkeit, auszudrücken. In entsprechenden Zusammenhängen kann míng auch einleuchten, verstehen und sehr bedeuten. Die einzelnen Zeichen werden in der aus S. 31 gezeigten Strichfolge geschrieben. Man schreibt zuerst das Rì-Zeichen, das etwas kleiner ausfällt, während das Yuè-Zeichen normale Größe erreicht. Die beiden Zeichen rücken eng zusammen.
Das Schriftzeichen für Sonnenaufgang (dàn) setzt sich zusammen aus dem Sonnen-Zeichen und einem langen, waagerechten Héng-Strich, der für sich genommen unter anderem die Bedeutung von Horizont hat. Also steht die Sonne gerade etwas über dem Horizont. Man schreibt zuerst das Sonnenzeichen, dann den héng, der auf halber Höhe in den unteren Quadraten verläuft. Um eine harmonische Komposition zu erreichen, ist es wichtig, daß der Abstand zwischen den Teilen stimmt. Mit Hilfe des Rasters kann man die richtigen Größenverhältnisse und Abstände abschätzen.

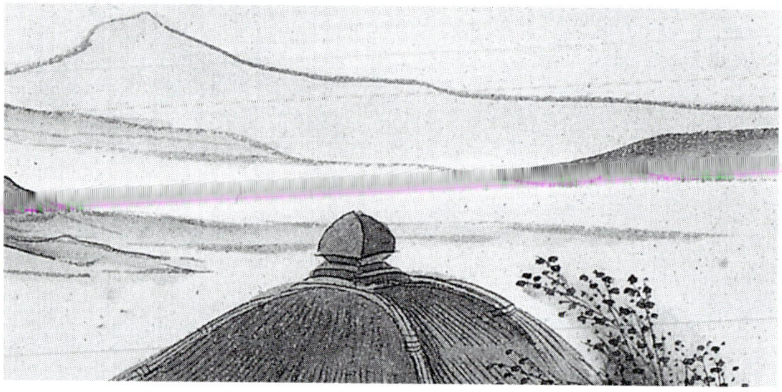

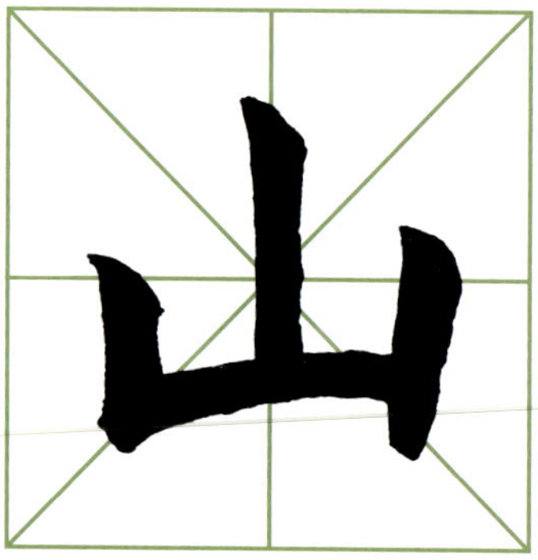

Berg: shān

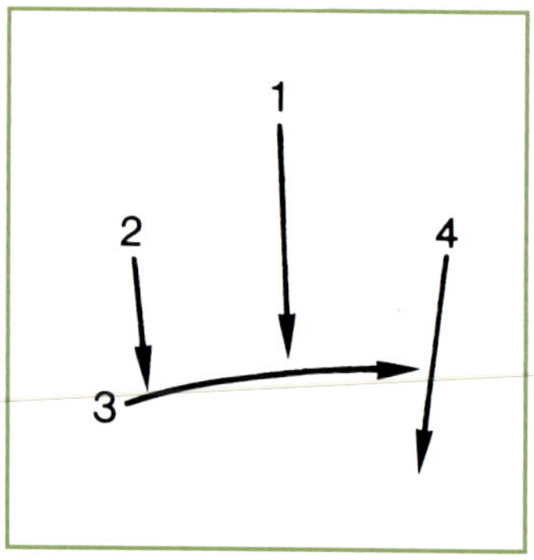

Strichfolge: 1 shù, 2 shù, 3 héng, 4 shù

Der erste Shù-Strich folgt der senkrechten Mittellinie. Die beiden anderen vertikalen Striche sind deutlich kürzer und leicht nach außen geneigt. An den Ecken können die Striche etwas überstehen. Dieses Schriftzeichen bietet ein einfaches klares Bild, das aber voller Spannung steckt. Es erinnert noch etwas an die zackige Form des ursprünglichen Piktogramms, das drei Bergspitzen zeigte.
Das Shān-Zeichen wird oft und in unterschiedlichen Zusammenhängen geschrieben. In Verbindung mit shuǐ (Wasser; siehe Seite 34) entsteht die Bedeutung »Landschaft«.

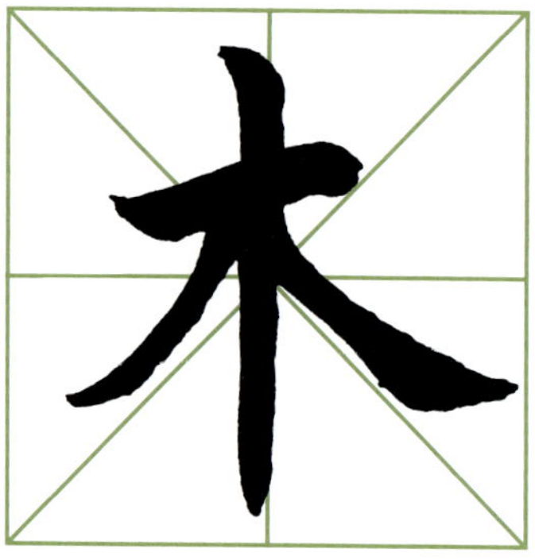

Baum: mù

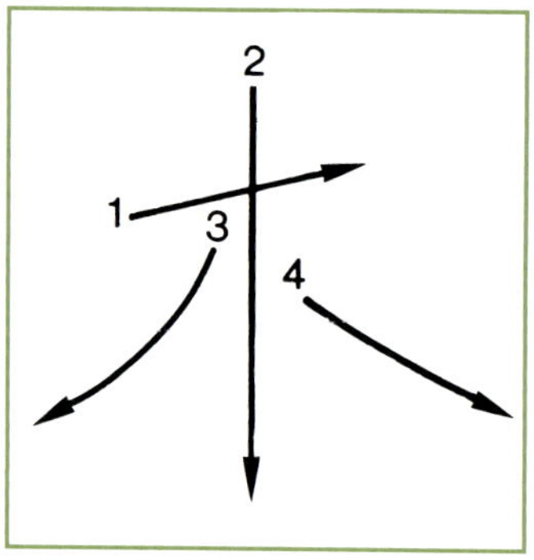

Strichfolge: 1 héng, 2 shù, 3 piě, 4 nà

Zuerst entsteht ein Kreuz. Der senkrechte héng folgt der Mittellinie, der Querstrich liegt ein Stück oberhalb der Mitte. Der héng ist deutlich kürzer als der shù. Piě- und Nà-Strich beginnen am Schnittpunkt der ersten beiden Linien. Das Schriftzeichen muß eine asymmetrische Form erhalten, damit der Eindruck einer leichten Drehung entsteht. Deshalb steigt der héng leicht nach rechts an und ist der piě deutlich kleiner als der nà. Das alte Piktogramm zeigte den Baumstamm mit Ästen und Wurzeln, die fest in der Erde sitzen, die durch den horizontalen Strich dargestellt wird. Die Baumkrone fehlt in der modernen Form.

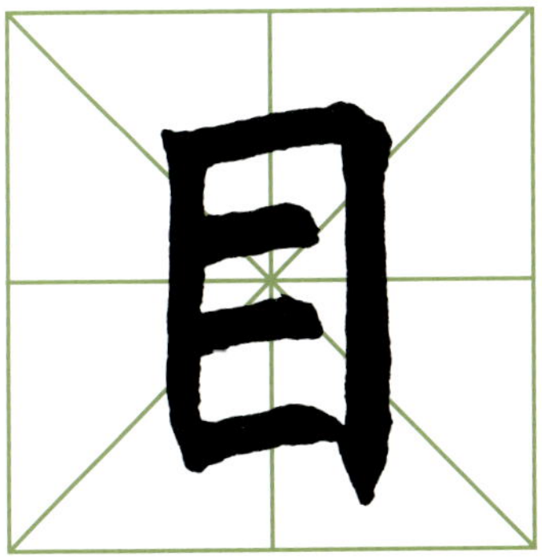

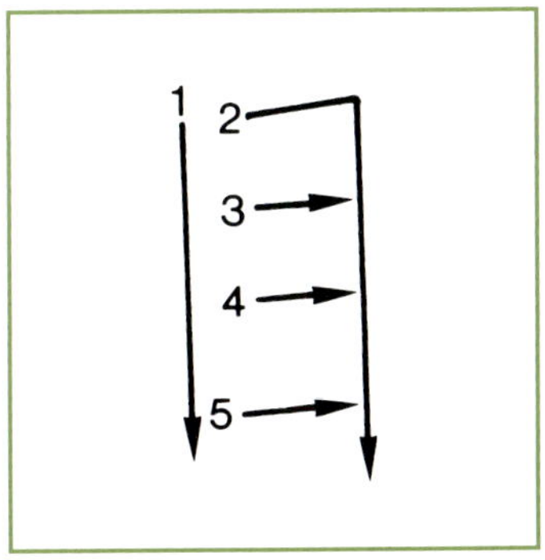

Auge: mù

Strichfolge: 1 shù, 2 héngzhé, 3 – 5 héng

Das Rechteck, das das Schriftzeichen bildet, befindet sich in der Mitte des Quadrats. Strichfolge und Aufbau unterscheiden sich kaum vom Zeichen für Sonne. Mù ist etwas länger und hat in der Mitte einen zusätzlichen Héng-Strich.
Das ursprüngliche Piktogramm zeigte die Lider eines Auges mit einer Pupille in der Mitte. Das Schriftzeichen erfuhr eine Reihe von gravierenden Formveränderungen, bis es die heutige Form erhielt, u.a. auch, um es vom Schriftzeichen für vier zu unterscheiden (siehe Zahlen, S. 38).
Durch die Kombination von mù mit anderen Schriftzeichen entstehen vielfältige, neue Bedeutungen. So bedeutet die Verbindung von Auge und Baum »prüfen, erforschen«. Mù lì (Auge und Stärke) heißt Sehkraft.
Es gibt allerdings zusammengesetzte Schriftzeichen, deren Bedeutung sich für uns nicht unmittelbar erschließt: z. B. wird »lachen« (mí) durch die Kombination von Auge und Reiskorn ausgedrückt: Beim Lachen hat das Auge die ovale, längliche Form eines Reiskorns.
Wenn man einen kleinen Piĕ-Strich über das Mù-Zeichen setzt, entsteht der Begriff zì, der »sich, selbst« bedeutet. Der zusätzliche Strich soll die Nase symbolisieren.

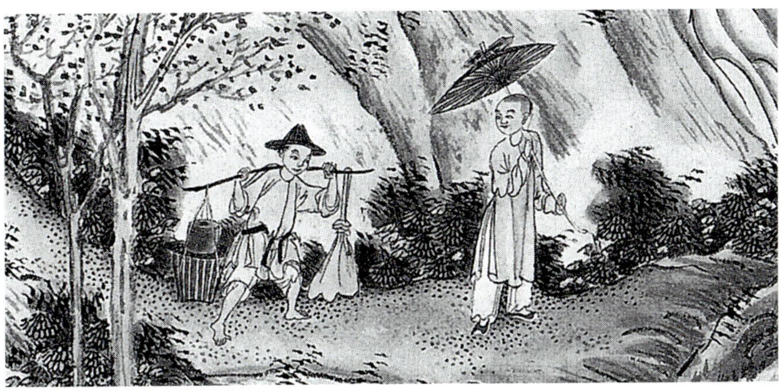

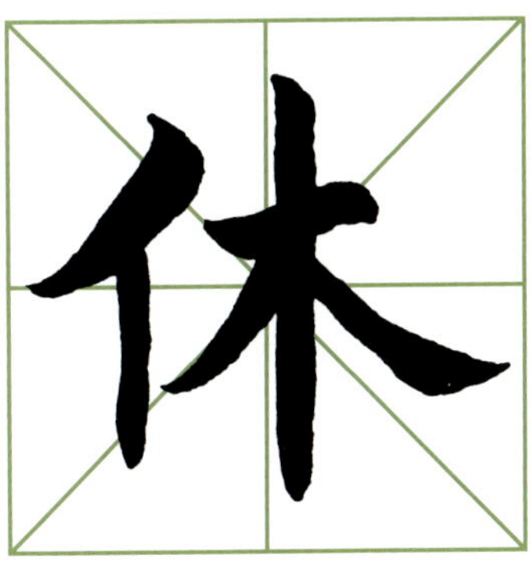

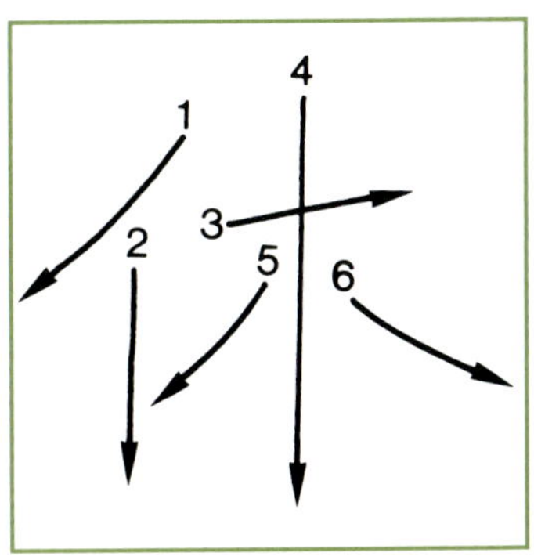

Ausruhen: xiū

Strichfolge: 1 piĕ, 2 shù, 3 héng, 4 shù, 5 piĕ, 6 nà

Das Schriftzeichen setzt sich aus zwei Zeichen zusammen: dem Radikal für Mensch (rén) und dem Zeichen für Baum (mù). Rén ist einer der Radikale, die in zusammengesetzten Schriftzeichen ihre Form etwas verändern: Damit die Teile enger zusammengesetzt werden können, ohne Überschneidungen zu bilden, wird aus dem Nà-Strich ein Shù-Strich. Es fällt auf, daß die Zeichen in der Kombination kleiner geschrieben werden als die einfachen Charaktere. Beim Mù-Zeichen wird der piĕ sehr kurz geschrieben. Das Schriftzeichen zeigt einen Menschen, der sich unter einem schattigen Baum ausruht.

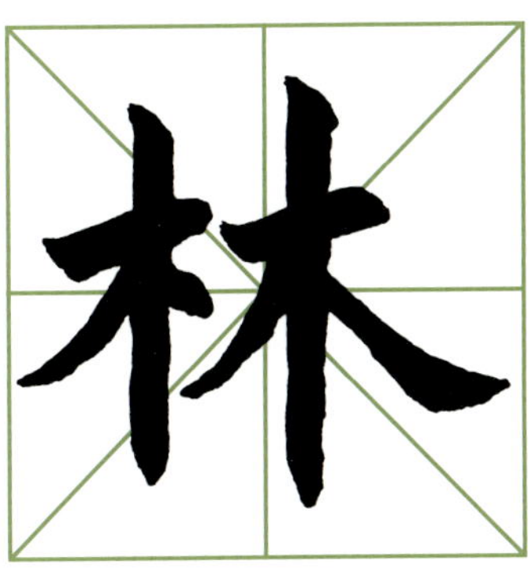

Büsche: lín

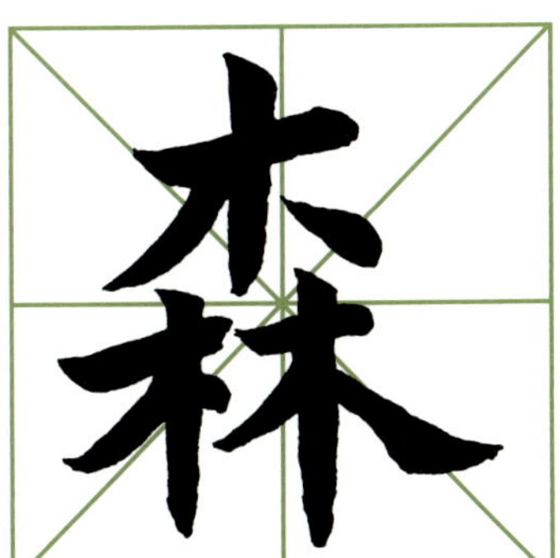

Wald: sén

Hier werden zwei Beispiele für zusammengesetzte Schriftzeichen gezeigt, in denen das gleiche Zeichen – in diesem Fall mù (Baum) – wiederholt wird. Es ist unmittelbar einleuchtend, daß zwei Bäume »Gebüsch« und drei Bäume »Wald« bedeuten.
Die Strichfolge bei den Teilen entspricht derjenigen beim Mù-Zeichen. Generell gilt folgende Reihenfolge bei zusammengesetzten Charakteren: Zuerst wird das Zeichen geschrieben, das oben steht, dann das linke Zeichen.
Je mehr Zeichen in einem Quadrat unterzubringen sind, umso kleiner werden sie geschrieben. Damit ein enges Gefüge ohne Überschneidungen entsteht, werden einzelne Striche zu Punkten verkürzt.

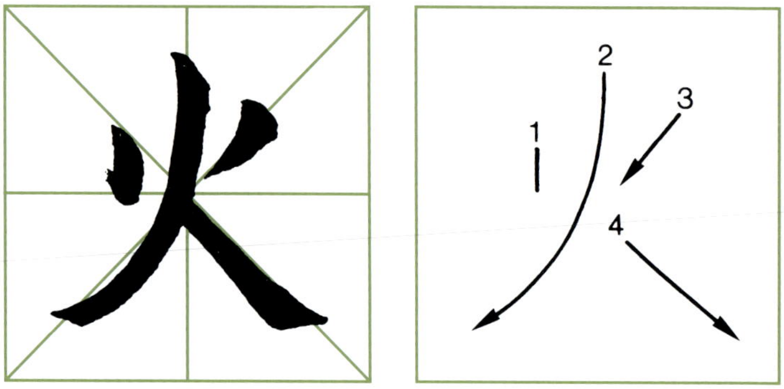

Feuer: *huǒ*

Strichfolge: 1 diǎn, 2 piě, 3 piě, 4 nà

Der erste Piě-Strich beginnt im oberen Abschnitt der senkrechten Mittellinie und macht einen Bogen in Richtung auf die linke untere Ecke. Auf der rechten Seite steht ein sehr kurzer, etwas stärker geneigter piě.
Dem Schriftzeichen liegt ein Bild zugrunde, in dem in der Mitte eine große Flamme steht und an den Seiten Funken nach oben fliegen.
Das Schriftzeichen symbolisiert Energie, heftige Reaktionen und Tatendrang. Es steht auch für Kraft, Zorn und Gefahr; huǒ bekommt in Verbindung mit anderen Charakteren vielfältige Bedeutungen.

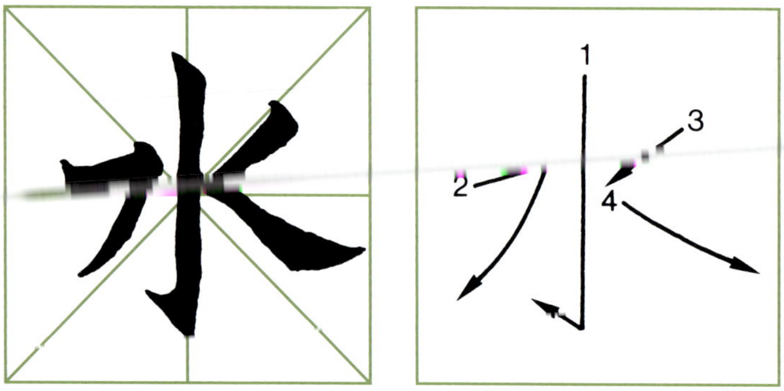

Wasser: *shuǐ*

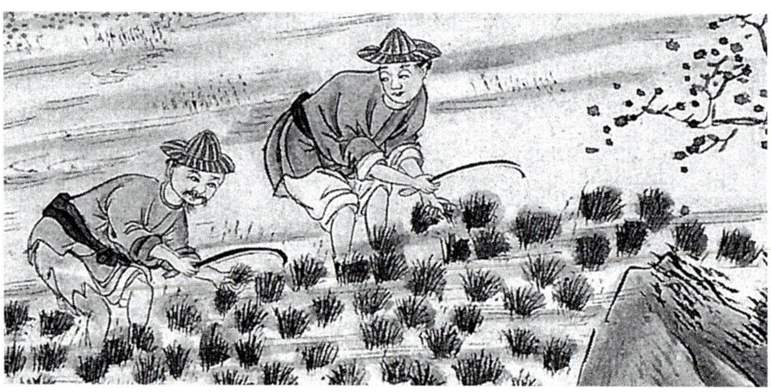

Strichfolge: 1 shùgōu, 2 héngpiě, 3 piě, 4 nà

Der shùgōu liegt genau auf der senkrechten Mittelachse. Er bildet das Rückgrat des Schriftzeichens. Die Striche 3 und 4 berühren den shùgōu. Dadurch, daß der nà fast bis an den rechten Rand des Quadrats geführt wird, entsteht in der rechten Hälfte ein leichtes Übergewicht. – Das Schriftzeichen shuǐ entstand aus einem Symbol, in dem drei senkrechte, wellenförmige Linien das von oben nach unten fließende Wasser darstellten. Im modernen Zeichen kann der shùgōu in der Mitte als Wasserader bzw. Hauptstrom und die seitlichen Striche als Wassertropfen oder Wirbel gedeutet werden. In China hat die Natursymbolik des Wassers wie in anderen Kulturen eine große Bedeutung. Wasser gilt als natürliche Quelle der Kraft, die die Erde befruchtet, und als Urmaterie des Lebens.
Als Radikal wird das Schriftzeichen auf drei Punkte reduziert, die Wassertropfen andeuten sollen. Sie kommen in vielen Charakteren vor, die etwas mit Wasser zu tun haben und stehen meist auf der linken Seite. Als entsprechende Beispiele werden im folgenden die Zeichen für Fluß, Strom und Meer vorgestellt.
Shuǐ ist Bestandteil vieler zusammengesetzter Schriftzeichen. So bedeutet z. B. die Kombination von Wasser und Hand (Shuǐ shǒn) »Matrose«.

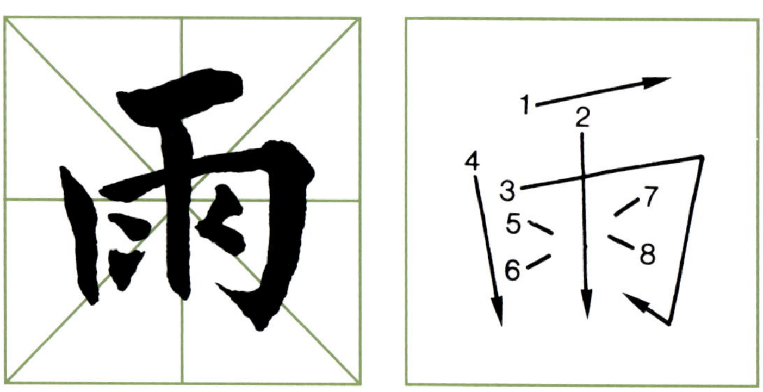

Regen: *yǔ*

Strichfolge: 1 héng, 2 shù, 3 héngzhégōu, 4 shù, 5 – 8 diǎn

Der shù folgt der senkrechten Mittellinie des Quadrats. Der waagerechte Abschnitt des héngzhégōu liegt etwas oberhalb der Mittellinie, so daß sich der Hauptteil des Schriftzeichens in der unteren Hälfte befindet. Die linke und rechte Begrenzung des Felds, in dem sich die vier Punkte befinden, sind jeweils leicht nach außen geneigt. Das ursprüngliche Piktogramm, das auf einfache und direkte Weise ein elementares Naturereignis symbolisiert, hat seine Form kaum verändert. Zu erkennen sind unten die vier Regentropfen, die aus einer Wolke fallen, dargestellt durch den ersten waagerechten Strich. Am Himmel hängt ein nach unten geöffnetes Gefäß.

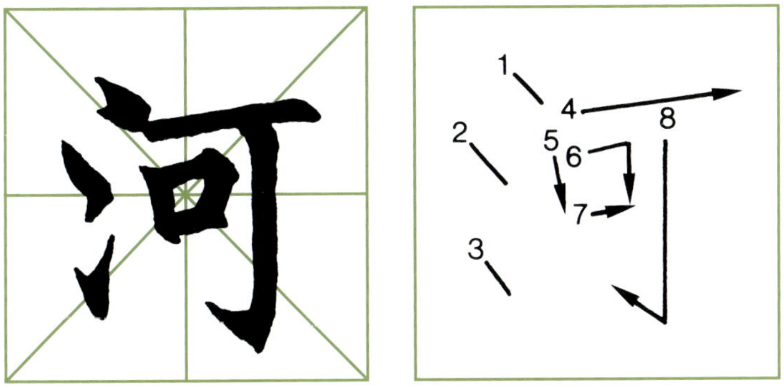

Fluß: hé

Strichfolge: 1 – 3 diǎn, 4 héng, 5 shù, 6 héngzhé, 7 héng, 8 shùgōu

Der linke Teil des Schriftzeichens, der aus den drei Punkten besteht, nimmt etwa ein Drittel des Raums ein. Die drei diǎn sollten sich der Vorlage entsprechend in Form und Ausrichtung deutlich unterscheiden. Das kleine Quadrat befindet sich im Zentrum.
Das Schriftzeichen besteht aus einem Lautzeichen, das auf der rechten Seite steht, und einem Sinnzeichen. Die drei Punkte stellen Wassertropfen dar und weisen darauf hin, daß es sich um Wasser oder eine Flüssigkeit handelt.

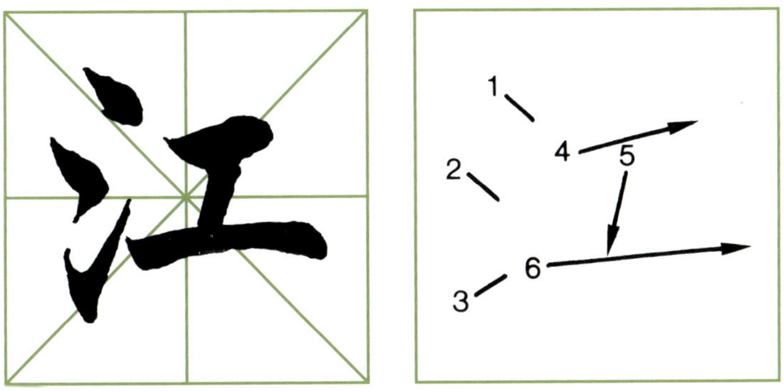

Strom: jiāng

Strichfolge: 1 – 3 diǎn, 4 héng, 5 shù, 6 héng

Wie beim vorherigen Schriftzeichen besteht das Sinnzeichen auf der linken Seite aus drei Punkten. Der vierte, waagerechte Strich ist deutlich kürzer als der sechste und wird etwas schräg gesetzt. Der shù steht nicht rechtwinklig auf dem unteren héng.

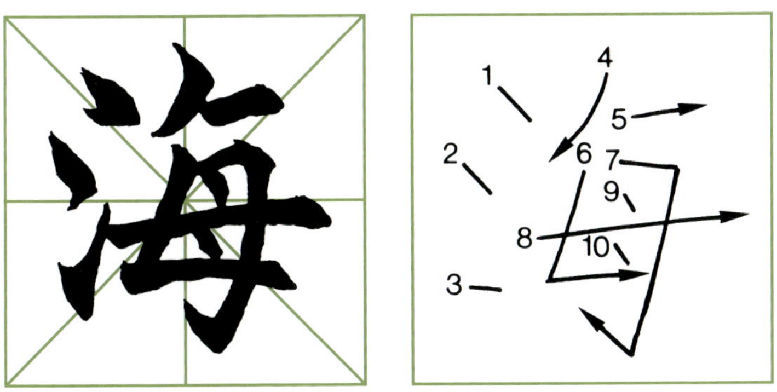

Meer: hǎí

Strichfolge: 1 – 3 diǎn, 4 piě, 5 héng, 6 shùzhé, 7 héngzhégōu, 8 héng, 9 diǎn, 10 diǎn

Im linken Teil stehen wieder drei Punkte, um anzudeuten, daß der Begriff eine Beziehung zu Wasser hat. Das rechte Zeichen nimmt etwa zwei Drittel des Quadrats ein.
Hǎi kommt in mehreren Kombinationen vor. Die Verbindung mit Mund (kǒu) bedeutet zum Beispiel Seehafen.

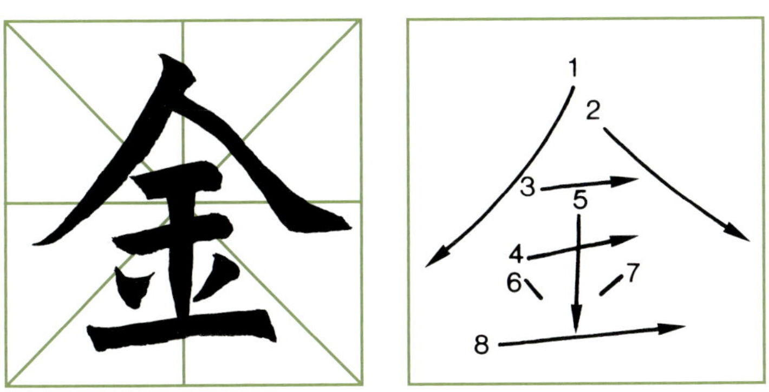

Gold: jīn

Strichfolge: 1 piě, 2 nà, 3 héng, 4 héng, 5 shù, 6 diǎn, 7 diǎn, 8 héng

Das zentrale Merkmal dieses Schriftzeichens ist die ausladende »Überdachung« in der oberen Hälfte des Quadrats. Der nà wird etwas unterhalb des oberen Endes des ersten Strichs angesetzt. Der Shù-Strich im unteren Teil liegt auf der senkrechten Mittellinie. Der letzte héng ist deutlich länger als die beiden anderen waagerechten Striche. Im unteren Teil ist das Schriftzeichen für Erde zu erkennen. Die beiden Punkte deuten Goldstücke an, die also im Schoß der Erde liegen. Das Dach dient als Schutz für den wertvollen Schatz. Jīn kann auch Metall bedeuten und findet sich in verschiedenen Kombinationen.

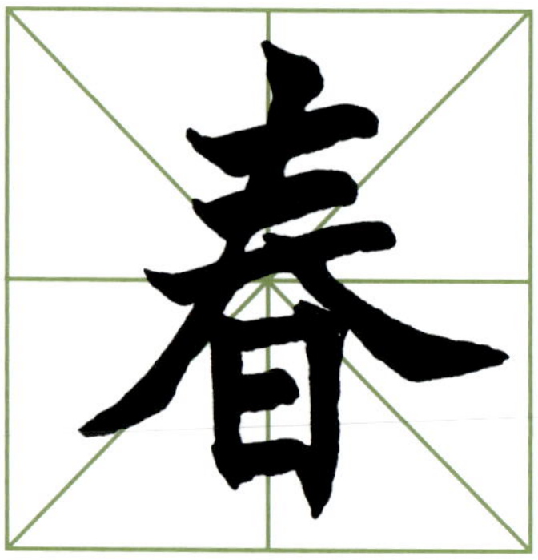

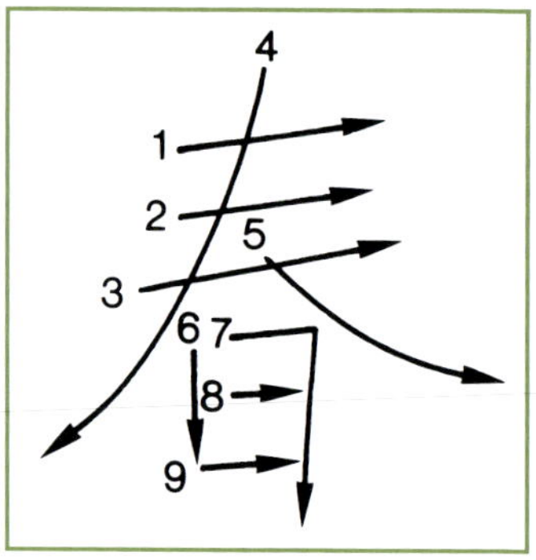

Frühling: chūn

Strichfolge: 1 – 3 héng, 4 piě, 5 nà, 6 shù, 7 héngzhé, 8 héng, 9 héng

Die ersten Héng-Striche unterscheiden sich in ihrer Länge: der längste ist der dritte héng, der kürzeste Strich ist der mittlere héng. Die drei waagerechten Striche steigen leicht nach rechts oben an. Zwischen piě und nà steht das Sonnen-Zeichen. Das alte Schriftzeichen zeigte junge Pflanzen, die in der Sonne stehen und noch wachsen müssen.
Chūn kommt in mehreren Kombinationen vor, z.B. bei den Begriffen Frühlingsrolle, Frühlingstraum und Frühlingsfest.

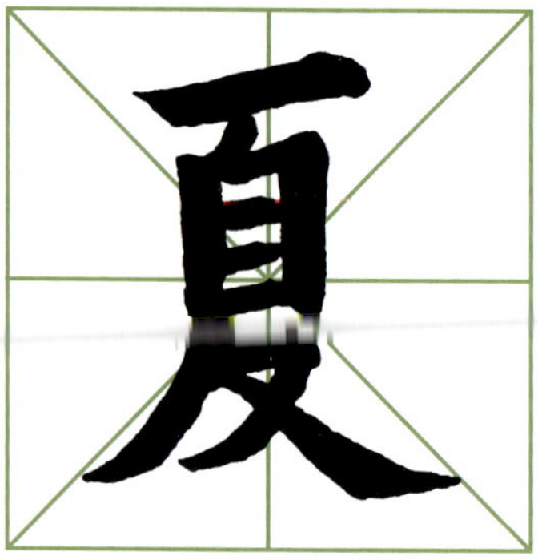

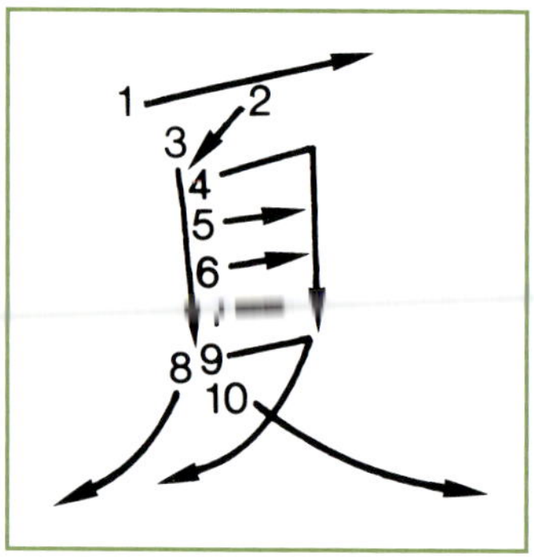

Sommer: xià

Strichfolge: 1 héng, 2 piě, 3 shù, 4 héngzhé, 5 bis 7 héng, 8 piě, 9 héngpiě, 10 nà

Das Rechteck in der Mitte liegt zum größten Teil oberhalb der Mittellinie. Der erste héng ist deutlich länger als die folgenden waagerechten Striche. Das Schriftzeichen hat eine längliche, schmale Form. Im Schriftzeichen sind zwei Teile mit eigener Bedeutung integriert. Das Mù-Zeichen (Auge) mit draufgesetztem héng und piě bedeutet Kopf; der untere Teil steht für Arme und Beine. So soll das Zeichen »groß« heißen. Weil die Pflanzen im Sommer schnell wachsen und groß werden, wird xià auch für diese Jahreszeit benutzt.

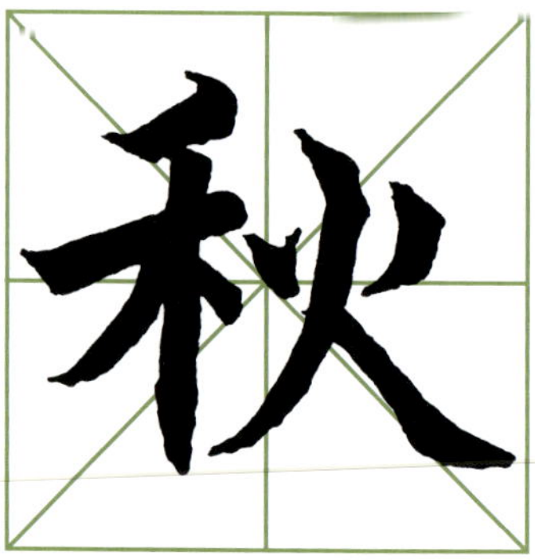

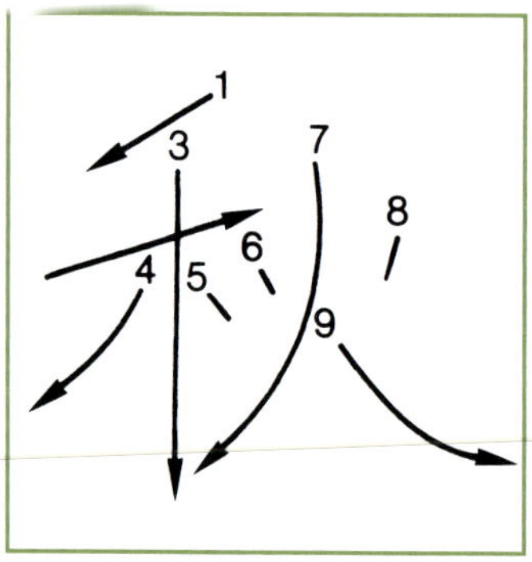

Herbst: qiū

Strichfolge: 1 piě, 2 héng, 3 shù, 4 piě, 5 diǎn, 6 diǎn, 7 piě, 8 diǎn, 9 nà

Die Zeichen nehmen je eine Hälfte des Quadrats ein. Der héng auf der linken Seite und die Punkte des rechten Zeichens liegen etwas oberhalb der waagerechten Mittellinie. Der erste Piě-Strich verläuft nicht so steil wie der zweite piě. Links steht der Radikal für Getreide (hé), rechts das bereits vorgestellte Schriftzeichen für Feuer. Für diese Kombination gibt es zwei Interpretationen, um die Bedeutung »Herbst« zu erklären: In der feurigen Sonne reift das Getreide bis zum Herbst. Im Herbst werden die Stoppeln der abgeernteten Getreidefelder abgebrannt.

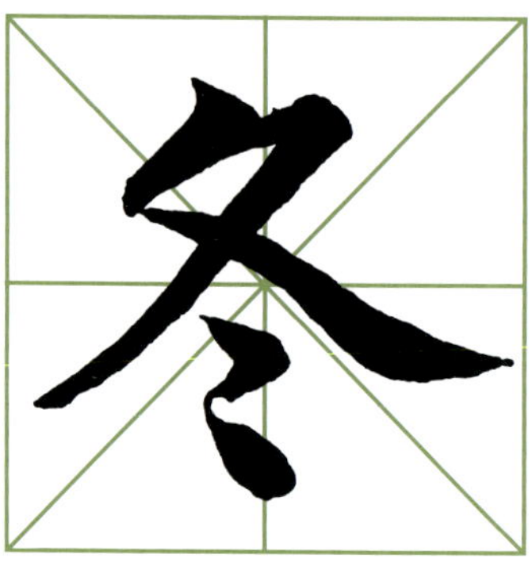

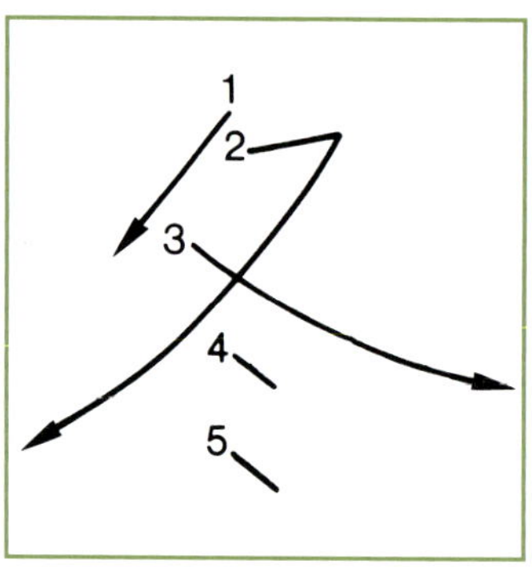

Winter: dōng

Strichfolge: 1 piě, 2 héngpiě, 3 nà, 4 diǎn, 5 diǎn

Das markante Merkmal dieses Schriftzeichens sind die Diagonalen, die sich etwas oberhalb des Mittelpunkts kreuzen und in der unteren Hälfte des Quadrats fast die Seiten des Quadrats berühren. Dadurch ist das Zeichen oben schmal und unten sehr breit. Die beiden Punkte berühren sich.
Gezeigt wird hier das moderne Zeichen für Winter, das aus dem unteren Teil der alten Figur entwickelt wurde. Die beiden Punkte sollen Eiszapfen darstellen.

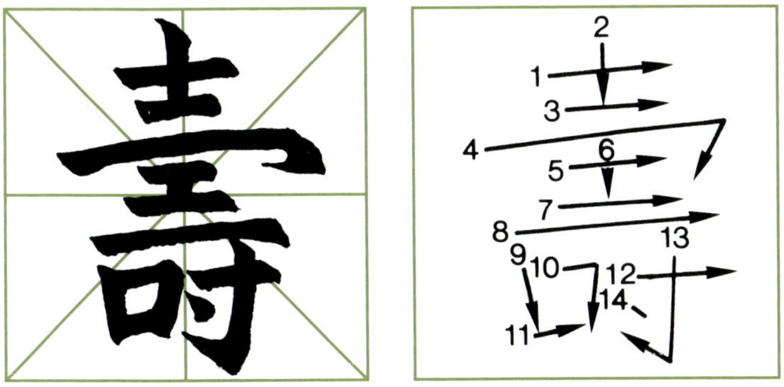

Langes Leben: *shòu*

Strichfolge: 1 héng, 2 shù, 3 héng, 4 hénggōu, 5 héng, 6 shù, 7 héng, 8 héng, 9 shù, 10 héngzhé, 11 héng, 12 héng, 13 shùgōu, 14 diǎn

Das Schriftzeichen besteht aus vergleichsweise vielen Strichen. Diese müssen sehr eng gesetzt werden, damit die gesamte Figur im Quadrat untergebracht werden kann.

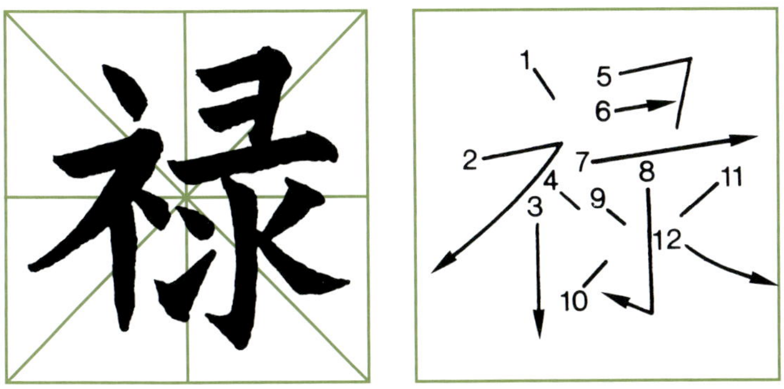

Glänzende Karriere: *lù*

Strichfolge: 1 diǎn, 2 héngpiě, 3 shù, 4 diǎn, 5 héngzhé, 6 héng, 7 héng, 8 shùgōu, 8 diǎn, 10 diǎn, 11 diǎn, 12 nà

Lù wird aus zwei Schriftzeichen zusammengesetzt. Es besteht eine Dreiteilung: Das linke Zeichen, das Glück (fú) bedeutet, nimmt die linke Hälfte des Quadrats ein. Das rechte Zeichen besteht aus zwei Teilen, die jeweils das obere beziehungsweise das untere Quadrat der rechten Seite ausfüllen.

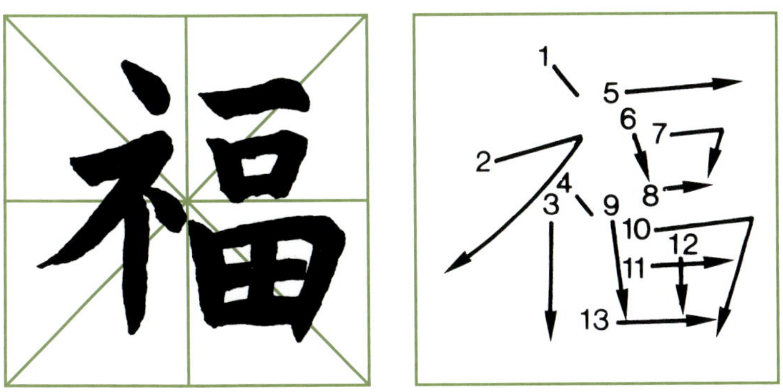

Glück: *fú*

Strichfolge: 1 diǎn, 2 héngpiě, 3 shù, 4 diǎn, 5 héng, 6 shù, 7 héngzhé, 8 héng, 9 shù, 10 héngzhé, 11 héng, 12 shù, 13 héng

Fú hat eine ähnliche Raumeinteilung wie das Lù-Zeichen. In der linken Hälfte steht die gleiche Figur, die ein Ausdruck für Glück ist. Das Zeichen in der rechten Hälfte hat die Bedeutung eines vollen Gefässes. Damit wünscht man dem Empfänger des Textes jederzeit viel Glück. Fú bekommt in Verbindung mit anderen Schriftzeichen verschiedene positive Bedeutungen. So drückt die Kombination mit dem Luft-Zeichen »glückliches Schicksal« aus.

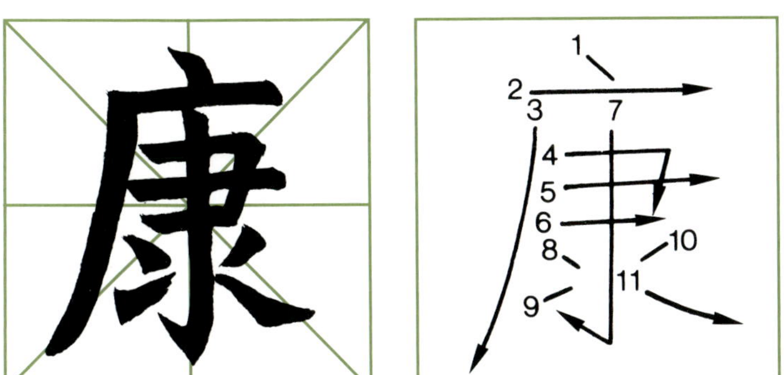

Gesundheit: *kāng*

Strichfolge: 1 diǎn, 2 héng, 3 piě, 4 héngzhé, 5 héng, 6 héng, 7 shùgōu, 8 – 10 diǎn, 11 nà

Die ersten drei Striche bilden das Zeichen guǎng. Die Bedeutung »Schutz« findet eine Entsprechung in der Form eines Unterstandes. Der erste Punkt (diǎn) steht über dem shùgōu (7. Strich), so daß sich eine harmonische Gestaltung ergibt. Die zweite Komponente ist ein Zeichen, das Sklave bedeutet. Welchen Sinn es in diesem Zusammenhang hatte, läßt sich heute kaum noch rekonstruieren. – Kāng bildet die phonetische Komponente in mehreren Schriftzeichen.

ZAHLEN

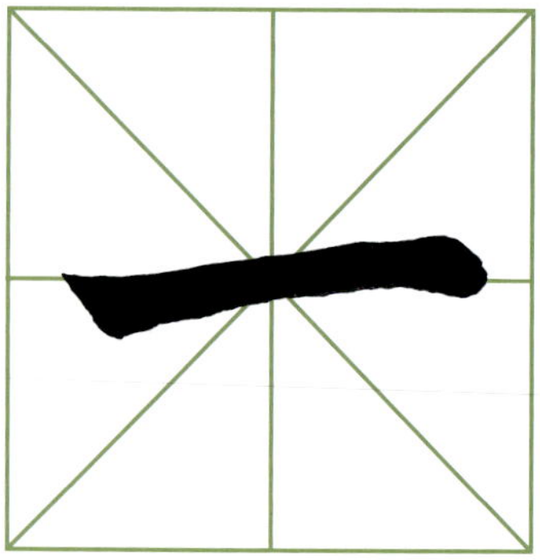

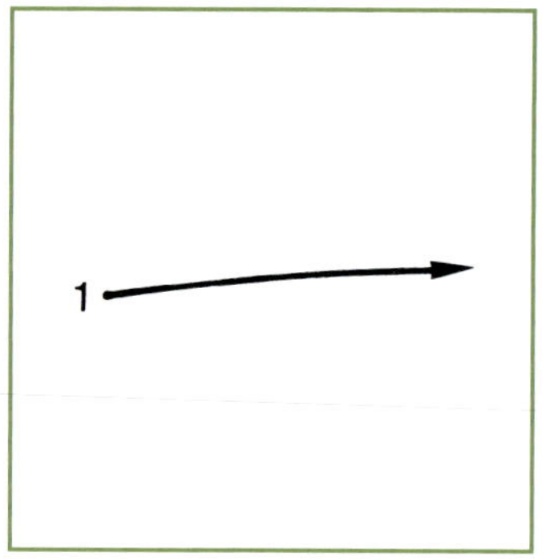

eins: yī

Strichfolge: 1 héng

Der Strich liegt in der Mitte und verläuft nicht ganz waagerecht, sondern steigt etwas in Schreibrichtung nach rechts an.
Daß ein waagerechter Strich »eins« bedeutet, ist sinnfällig. Er erinnert an den Zeigefinger einer ausgestreckten Hand.
In Verbindung mit anderen Schriftzeichen kann der Strich vieles bedeuten, z. B. Horizont (vgl. Sonnenaufgang) und Himmel. Yī symbolisiert die Einheit, das Absolute und den Ursprung aller Dinge.

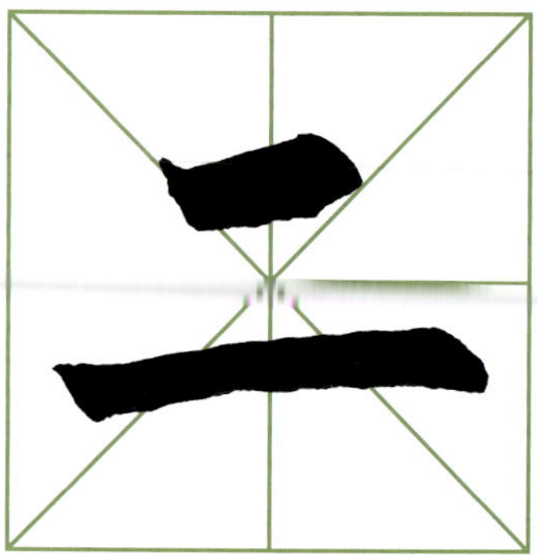

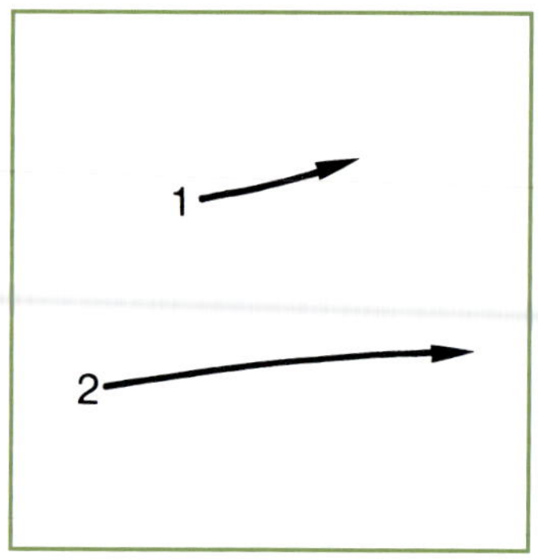

zwei: èr

Strichfolge: 1 – 2 héng

Es fällt auf, daß der obere Strich kürzer ist als der untere. Beide Héng-Striche verlaufen wieder nicht ganz waagerecht. Einer liegt unterhalb der Mittellinie, der andere oberhalb, wobei die Abstände etwas differieren. Für den Chinesen steht die Zwei in symbolischem Zusammenhang mit der Erde. Das Schriftzeichen kommt in Verbindung mit vielen anderen Charakteren vor. Wird es mit dem Radikal »Mensch« kombiniert, bedeutet der neue Begriff »Wohlwollen«.

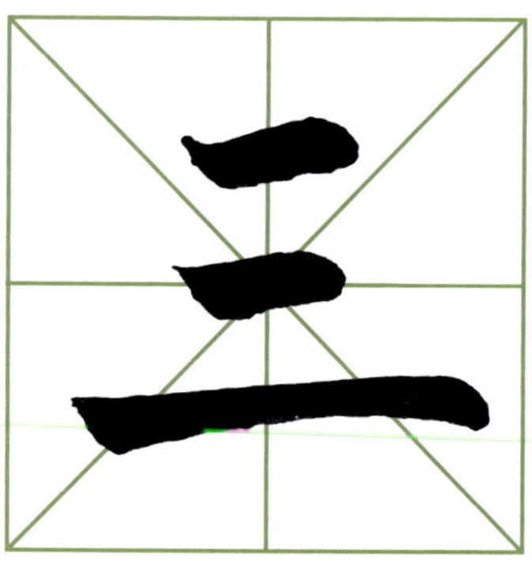

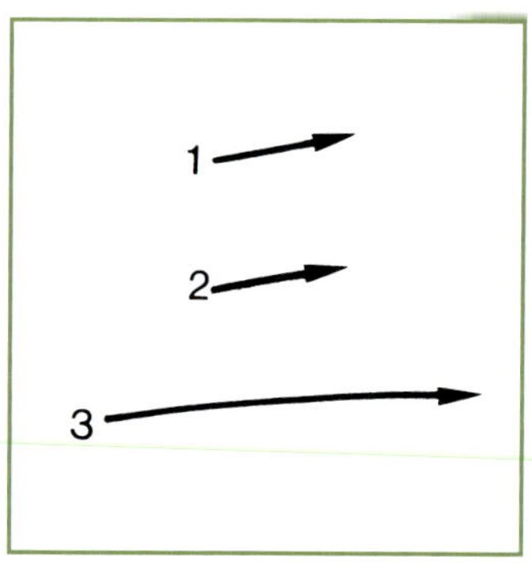

drei: sān

Strichfolge: 1 – 3 héng

Der erste und zweite Strich sind deutlich kürzer als der dritte héng. Der mittlere Strich verläuft auf der waagerechten Mittellinie des Quadrats.
Die drei Striche stellen die Zahl drei dar.

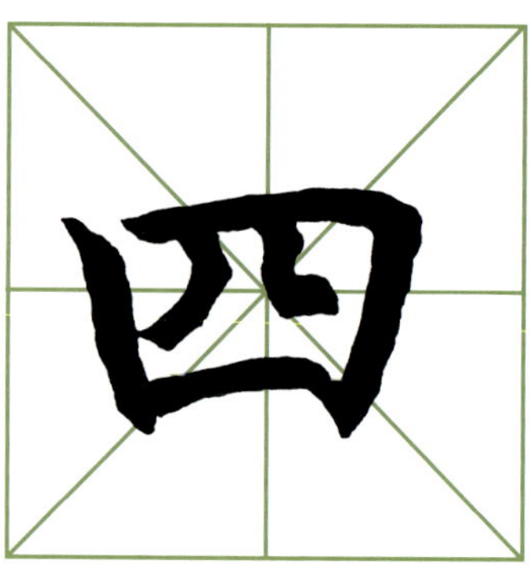

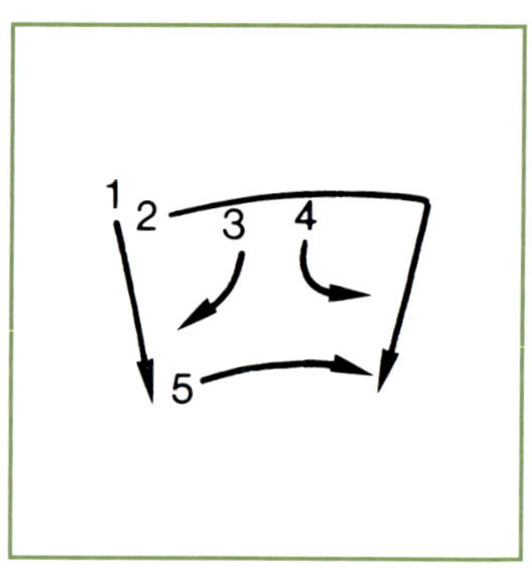

vier: sì

Strichfolge: 1 shù, 2 héngzhé, 3 piě, 4 nà, 5 héng

Das Schriftzeichen besteht aus einem Rechteck, das sich nicht genau in der Mitte des Quadrats befindet. Es enthält zwei kleinere Striche. Das Rechteck entspricht dem Schriftzeichen für Mund (kǒu).
Sì ist ein Beispiel für ein geliehenes phonetisches Schriftzeichen. Für den Begriff »vier« wurde ein Schriftzeichen gewählt, das genauso ausgesprochen wurde, im Laufe der Zeit aber zwei waagerechte Striche im unteren Teil des Rechtecks verlor.

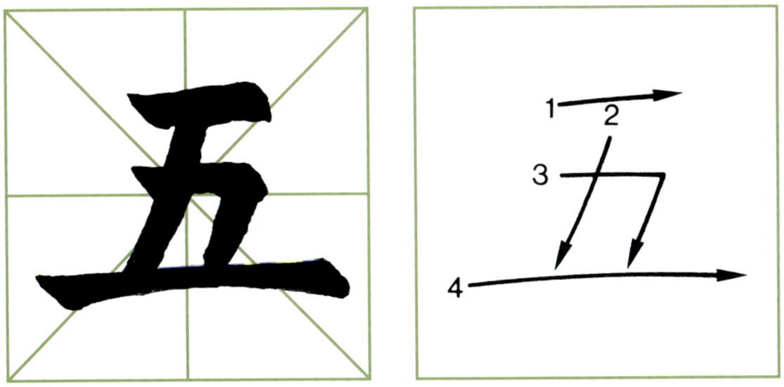

fünf: wǔ

Strichfolge: 1 héng, 2 shù, 3 héngzhé, 4 héng

Das Schriftzeichen hat eine breite Basis und ein schmales Oberteil. Der Shù-Strich verläuft etwas schräg. Wǔ wurde aus dem Zeichen für Knoten entwickelt, um anzuzeigen, daß fünf die Mitte zwischen eins und zehn markiert.

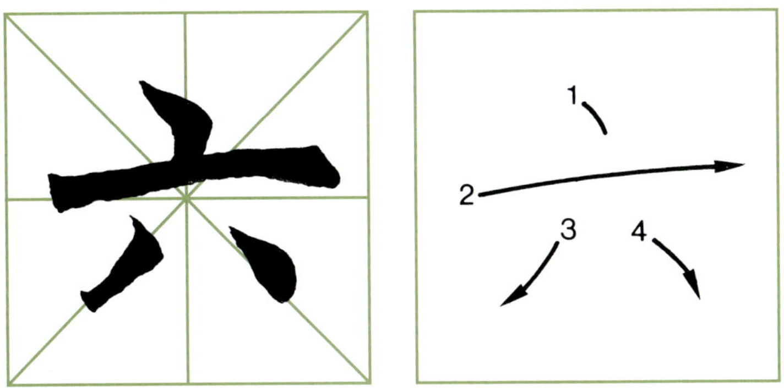

sechs: liù

Strichfolge: 1 diǎn, 2 héng, 3 piě, 4 nà

Der Punkt (diǎn) ist relativ klein. Der zweite, waagerechte Strich steigt etwas nach rechts an. In den beiden unteren Quadraten befinden sich zwei Striche, die scheinbar auseinanderstreben.
Dieses Schriftzeichen ist durch eine ungewöhnlich lose Struktur der gesondert gesetzten Striche gekennzeichnet. Trotz der Gefahr des Auseinanderfallens besteht eine innere Spannung, die die Komponenten zu einer Einheit verbindet. Der Aufbau zeigt das Prinzip des angedeuteten Zusammenhangs. In den Zwischenräumen wirken unsichtbare Kräfte.

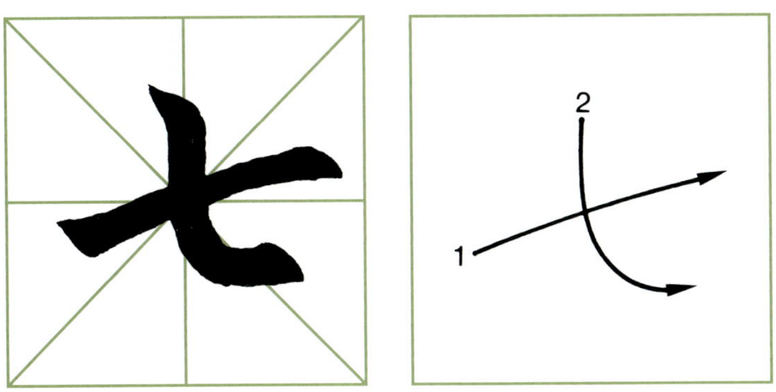

sieben: qí

Strichfolge: 1 héng, 2 shùwān

Es fällt auf, daß der Héng-Strich relativ schräg verläuft und in der Nähe des Quadratmittelpunkts die waagerechte Mittellinie kreuzt. Der zweite Strich liegt im ersten Teil ziemlich genau auf der Mittelachse.

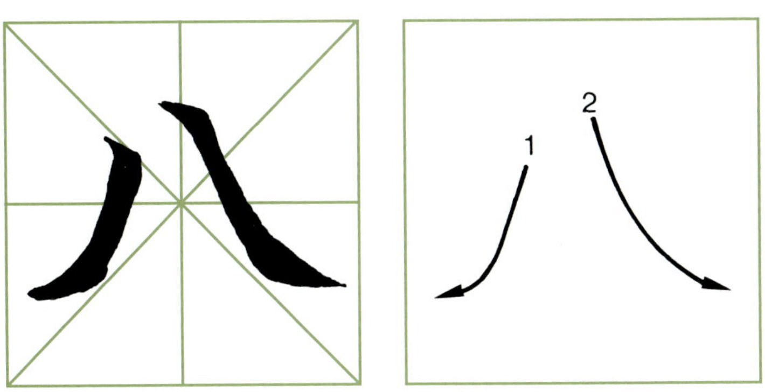

acht: bā

Strichfolge: 1 piě, 2 nà

Das Zeichen besteht aus zwei getrennten Strichen, die in der formalen Form ein symmetrisches Symbol bilden. Da sich die chinesische Kalligraphie, wie bereits erwähnt, um Dynamik durch Asymmetrie bemüht, fallen die beiden Seiten ungleich aus. Der allgemeinen Regel entsprechend ist wiederum der linke Strich kleiner, d.h. kürzer, als der rechte.
Die Begriffe »teilen«, »spalten« werden zutreffend durch das Schriftzeichen dargestellt. Schon in früher Zeit wurde es für die Zahl acht gebraucht, weil sie gut teilbar ist.

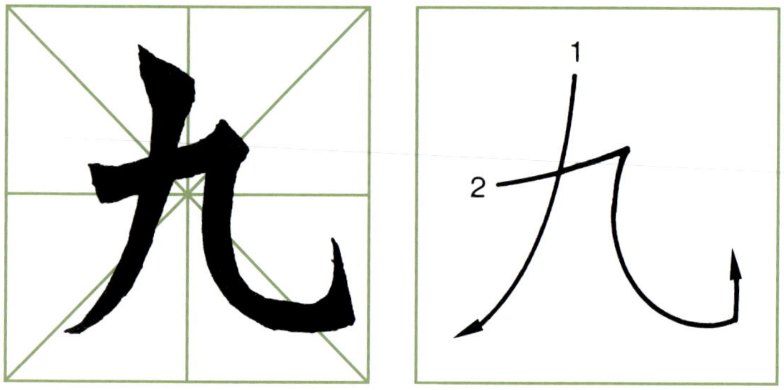

neun: jiǔ

Strichfolge: 1 piě, 2 héngzhéwāngōu

Bei dem ersten Strich handelt es sich um einen schrägen Piě-Strich. Der zweite Strich ist relativ kompliziert, weil vier Abschnitte in einer einzigen Pinselbewegung schwungvoll miteinander verbunden werden müssen: der etwas schräg verlaufende Horizontalstrich, der Winkelstrich und der Bogen mit Haken.

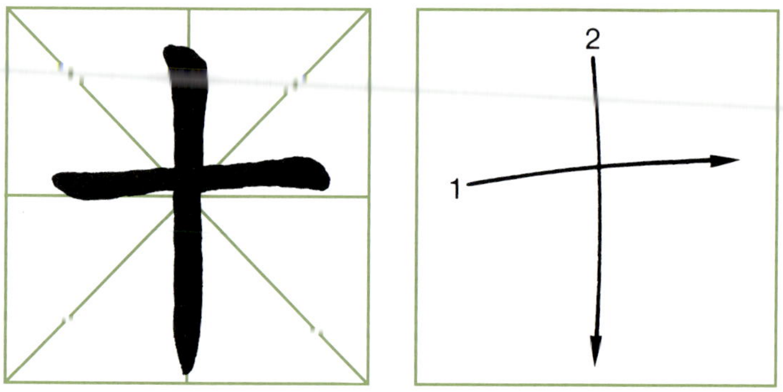

zehn: shí

Strichfolge: 1 héng, 2 shù

Die Mittelachse bildet ein langer, spitz zulaufender Shù-Strich. Der Héng-Strich ist kürzer und etwas asymmetrisch angelegt.
Es leuchtet ein, daß für die besondere Zahl zehn, die alle einfachen Zahlen des Dezimalsystems umfaßt, ein einfaches und klares Symbol wie das Kreuz verwendet wurde. Für die Chinesen ist es Zeichen der Vollständigkeit, das auch die zwei Dimensionen repräsentiert. In Verbindung mit anderen Schriftzeichen kann es auch »sehr«, »voll« und »vollständig« bedeuten.

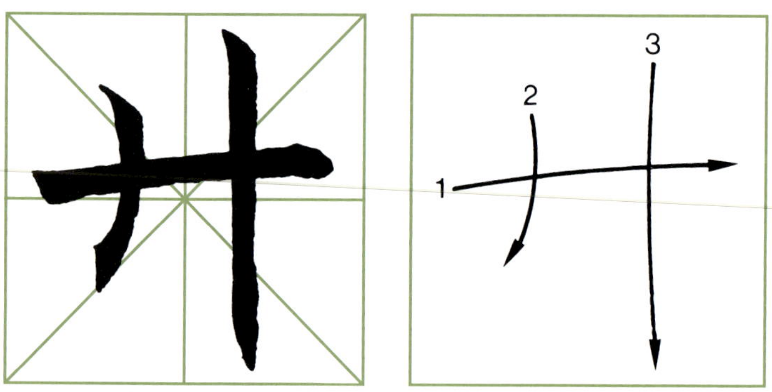

zwanzig: èrshí

Strichfolge: 1 héng, 2 shù, 3 shù

Der waagerechte Strich verläuft nicht ganz horizontal, sondern von links nach rechts ansteigend. Er liegt etwas über der Mittelachse. Der erste Shù-Strich ist etwas gebogen. Um eine lebendige Asymmetrie zu erreichen, wird er deutlich kürzer ausgeführt als der rechte Shù-Strich.
Die Entstehung des Schriftzeichens ist einfach nachzuvollziehen: Es handelt sich um zwei zusammengefügte Schriftzeichen für zehn (shí).

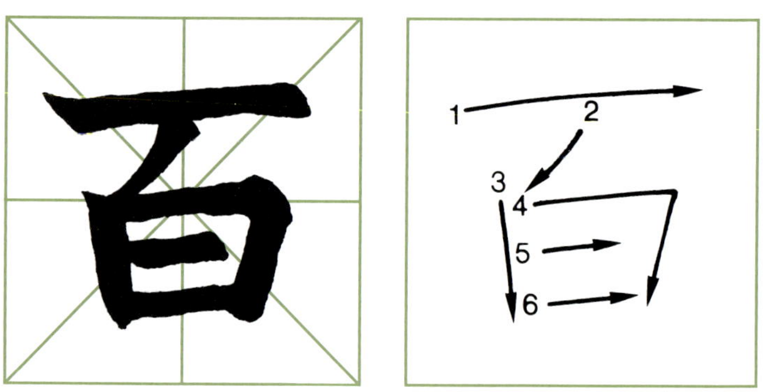

hundert: bǎi

Strichfolge: 1 héng, 2 piě, 3 shù, 4 héngzhé, 5 héng, 6 héng

Der untere Teil des Schriftzeichens besteht aus dem Zeichen für Sonne. Der erste waagerechte Strich ist deutlich länger als die folgenden.
Bǎi entstand aus dem alten Schriftzeichen für kurze Weizenähre, von der man annahm, daß sie hundert Weizenkörner enthält.

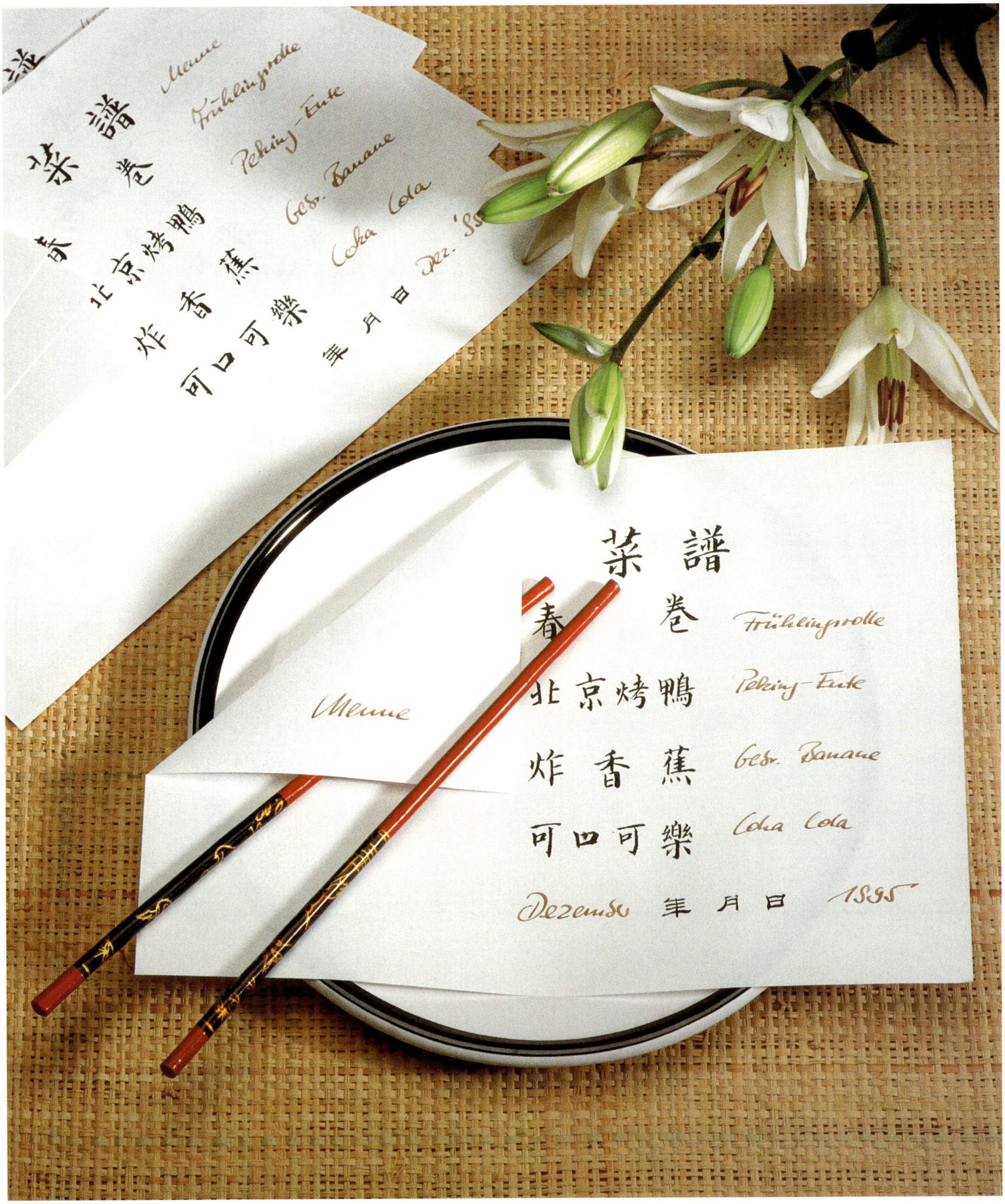
菜譜
Menue
春 卷 Frühlingsrolle
北京烤鴨 Peking-Ente
炸香蕉 Gebr. Banane
可口可樂 Coka Cola
Dezember 年 月 日 1995

Vorige Seite: Die Einladung zum chinesischen Essen wird mit einer handgeschriebenen Menükarte gekrönt. Mit etwas Übung gelingt es bestimmt.

Unten: Weihnachtsgrüße aus Fernost sind ein Blickfang im Karteneinerlei: *Vorlagen auf S. 52.*

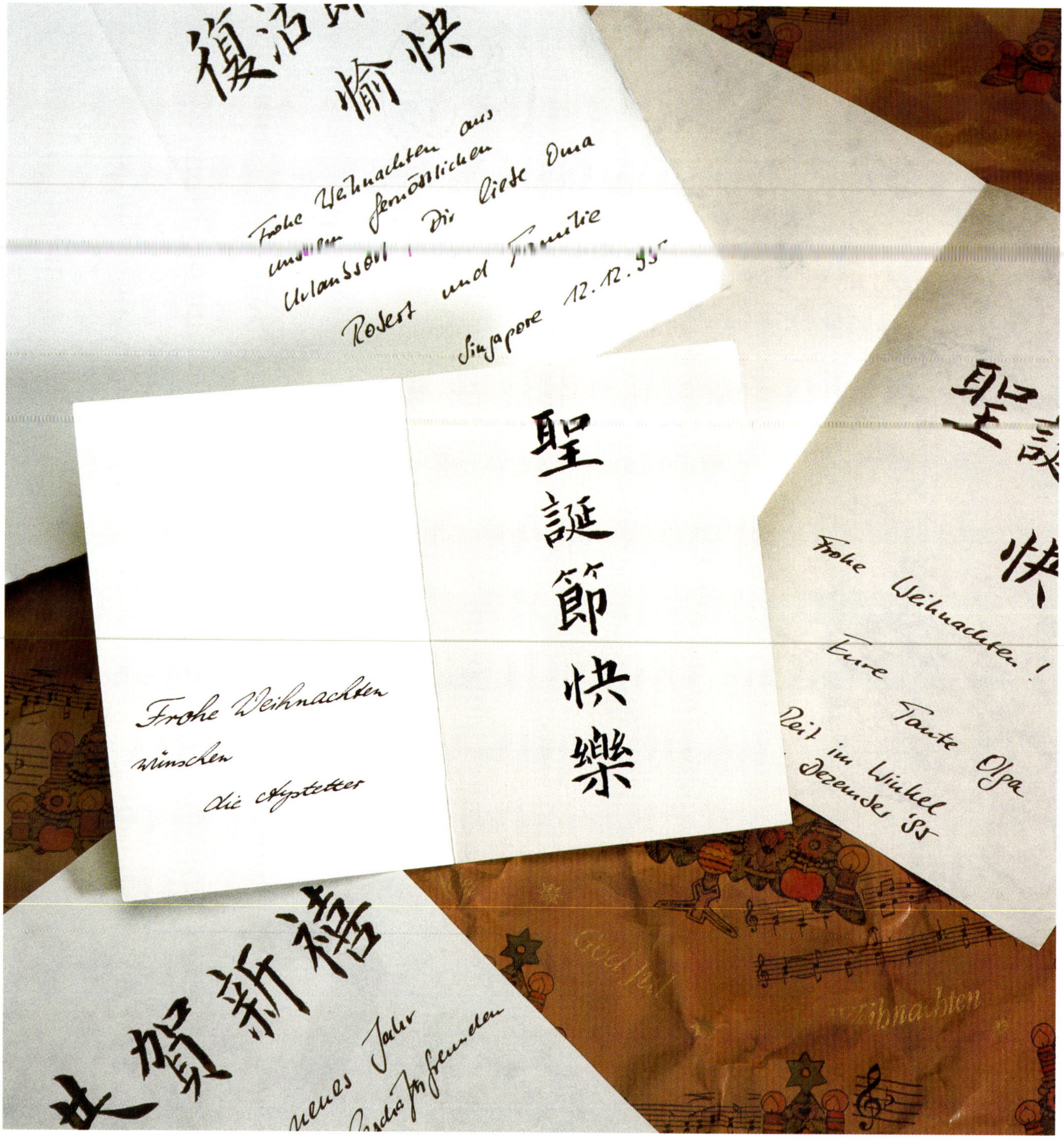

Zu chinesischen Schriftzeichen passen handgeschöpfte, getönte Papiere aus dem Fachhandel.

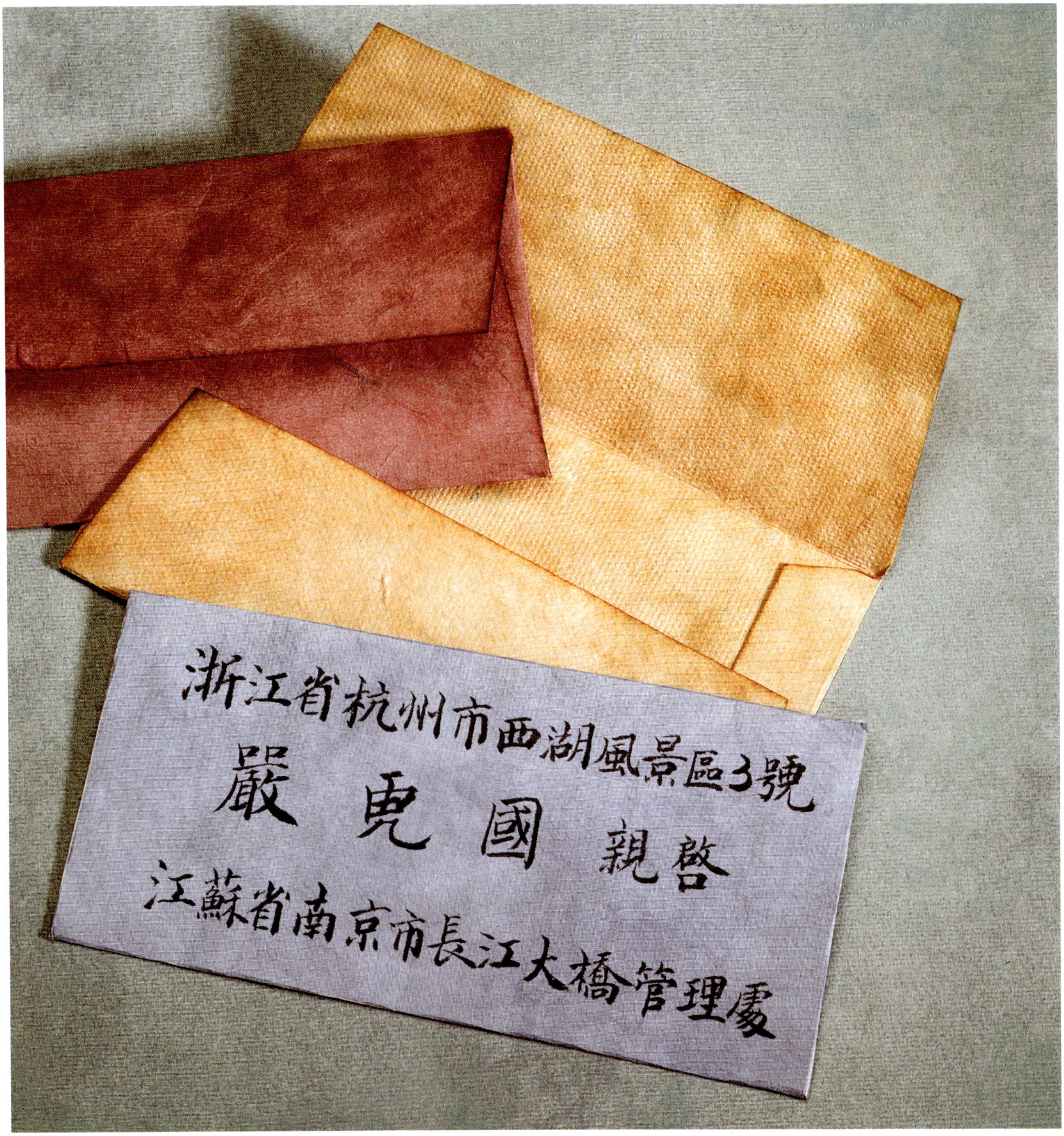

Phil drückt seine Liebe in einer chinesischen Weisheit aus.
»Es ist ein Glück, daß man an jemanden denken kann«.

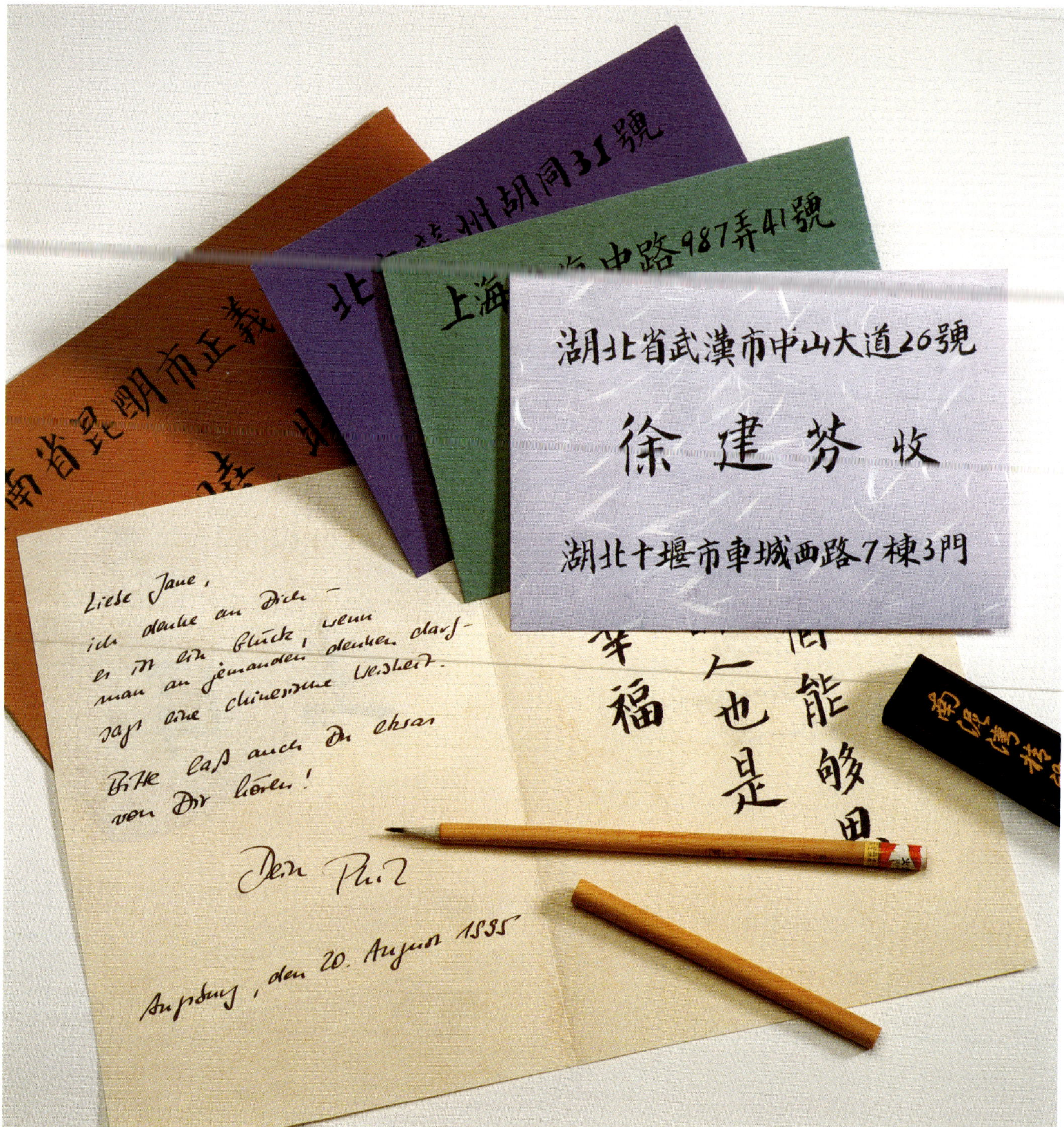

CHINESISCHE TIERKREISZEICHEN

Eine alte Legende erzählt, daß Buddha vor langer Zeit die Tiere der Schöpfung zu sich bat. Er hatte ihnen eine Belohnung versprochen. Zwölf Tiere folgten seiner Einladung. Zuerst kam die Ratte, dann folgten Ochse, Tiger, Hase, Drache, Schlange, Pferd, Ziege, Affe, Hahn, Hund und schließlich das Schwein.
Buddha widmete jedem der Tiere in der Reihenfolge ihres Kommens ein Jahr, das er nach ihm benannte.
Die Chinesen verbinden den Mensch und sein Geburtsjahr sowie das Jahr selbst mit den Eigenschaften und Merkmalen des betreffenden Tierkreiszeichens. Jedes Jahr soll nach ihrer Auffassung unter dem Einfluß eines der Tiere stehen. So entstand eine wirklichkeitsnahe, einprägsame Symbolik.
Der chinesische Kalender und die Tierkreiszeichen werden vom Mond bzw. Mondjahr bestimmt, während der westliche Kalender von der Sonne abhängt. Das Mondjahr wird ebenfalls in zwölf Monate eingeteilt. Jedes zwölfte Jahr hat 13 Monate, so daß das chinesische Neujahrsfest variabel ist. Die Reihenfolge im Gesamtzyklus bleibt gleich.

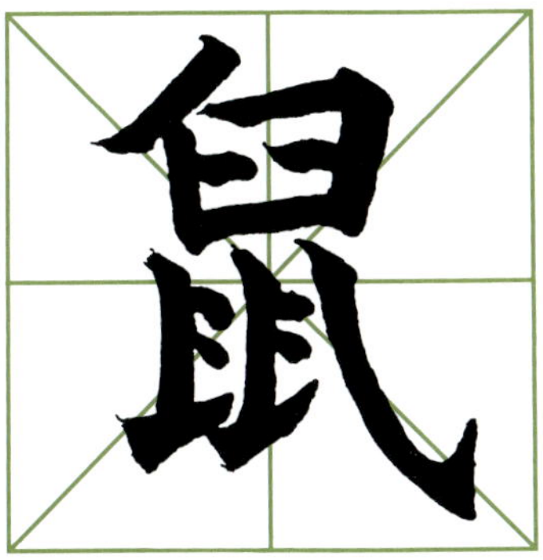

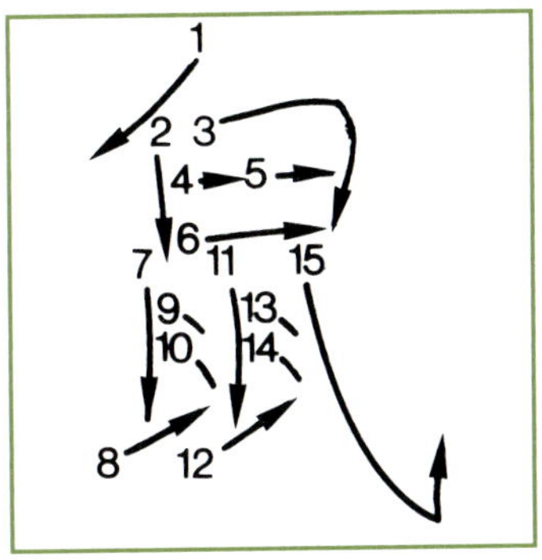

Ratte: shú

Strichfolge: 1 piě, 2 shù, 3 héngzhé, 4 héng, 5 héng, 6 héng, 7 shù, 8 tí, 9 diǎn, 10 diǎn, 11 shù, 12 tí, 13 diǎn, 14 diǎn, 15 xiégōu

Der untere Teil des Schriftzeichens ist deutlich höher als der obere. Der Shù-Strich mit der Nr. 11 verläuft auf der senkrechten Mittellinie.
Mit etwas Phantasie kann man sich das ursprüngliche Piktogramm vorstellen, in dem der Kopf, der Körper mit Fell und Schwanz dargestellt wurde. Dieses Zeichen bezieht sich auf alle Nagetiere.

Die Ratte ist das erste Tier im chinesischen Kalender. Die Menschen dieses Tierkreiszeichens gelten als wendig, strebsam, gewitzt und erfolgreich.

Jahre der Ratte waren: 1960, 1972, 1984

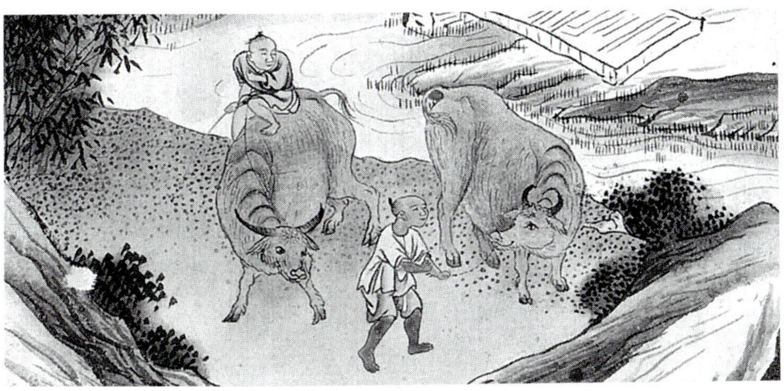

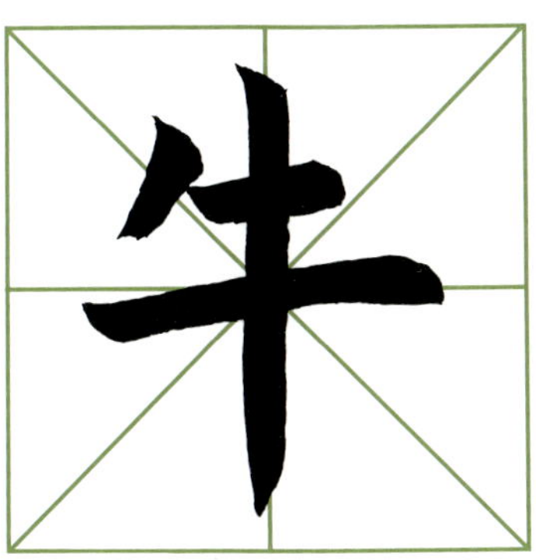

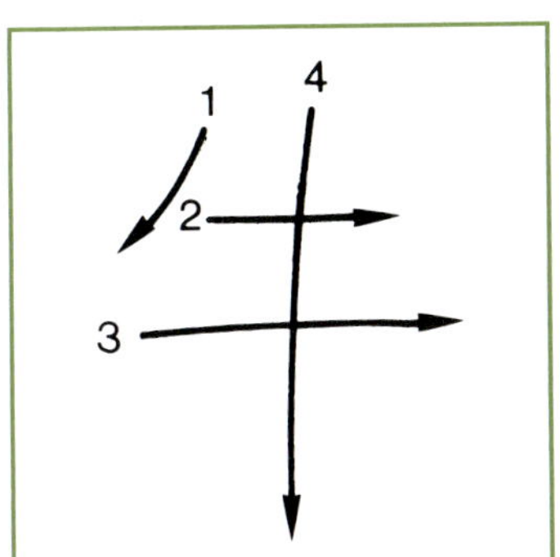

Ochse: niú

Strichfolge: 1 piě, 2 héng, 3 héng, 4 shù

Der senkrechte Strich (shù) liegt auf der Mittellinie. Der erste waagerechte Strich ist kürzer als der zweite. Das ursprüngliche Piktogramm, aus dem sich dieses Schriftzeichen entwickelt hat, zeigte den Kopf, die Hörner und Beine eines Ochsen. In der heutigen Form wird nur noch ein Horn gezeichnet.

Das zweite Tier im Kalender ist ein Symbol des Frühlings, das einen engen Bezug zur Landwirtschaft und Fruchtbarkeit hat. Beim Ochsen denkt der Chinese an ein Arbeitstier, das sich auf dem Reisfeld abplagt.
Die Vertreter dieses Tierkreiszeichens sind in ihrem Verhalten eher reaktiv als aktiv.

Jahre des Ochsen waren: 1961, 1973, 1985

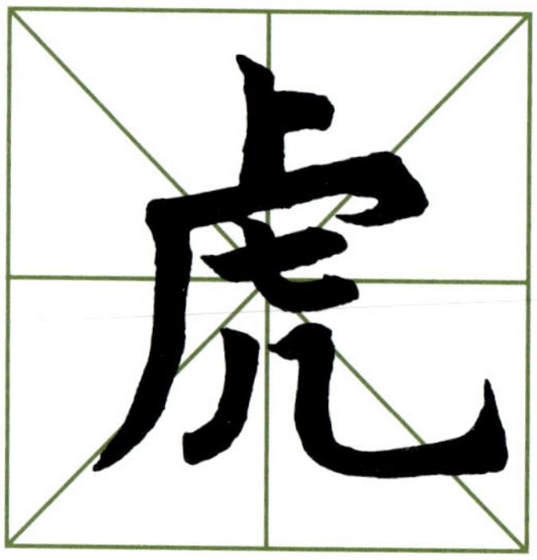

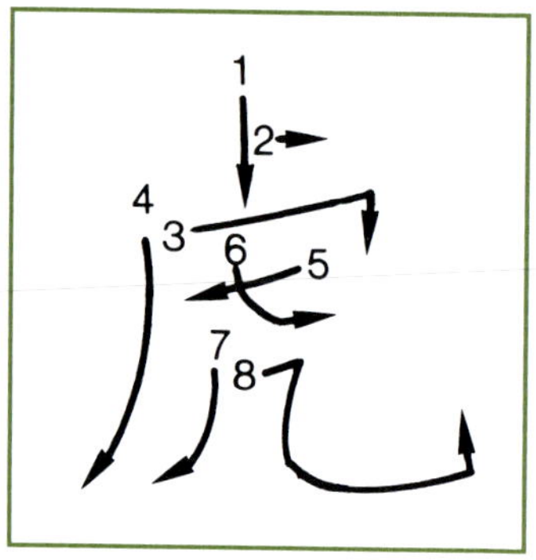

Tiger: *hǔ*

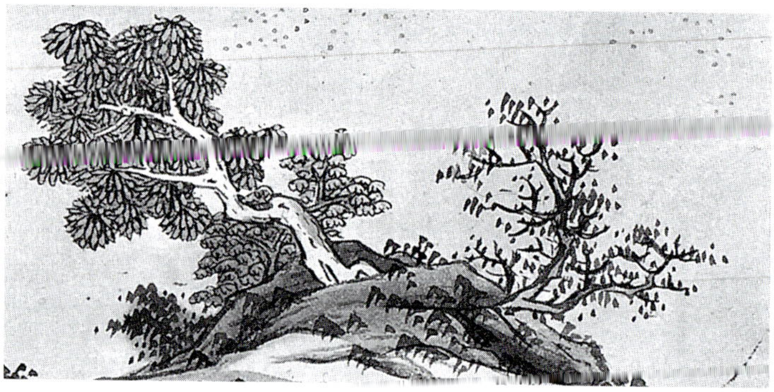

Strichfolge: 1 shù, 2 héng, 3 hénggōu, 4 shùpiě, 5 piě, 6 shùwan, 7 shùpiě, 8 héngzhéwāngōu

Die ersten beiden Striche sind sehr kurz. Der Schnittpunkt des fünften und sechsten Striches liegt fast in der Mitte des Quadrats. Der letzte Strich füllt mit einem langgezogenen Bogen die rechte untere Ecke aus.
Das Schriftzeichen setzt sich zusammen aus dem Radikal von Tigerfell und dem Zeichen für Hinterbeine im unteren Teil, das auf die Sprungkraft und die Schnelligkeit des Tigers hinweist.

Die Chinesen betrachten den Tiger als König der Tiere. In der chinesischen Mythologie spielt er eine bedeutende Rolle. Er symbolisiert Mut, Unerbittlichkeit, königliche Würde und Macht. Die im Jahr des Tigers Geborenen sind Individualisten und Einzelgänger, die sich durch vorausschauende Klugheit auszeichnen.

Jahre des Tigers waren: 1962, 1974, 1986

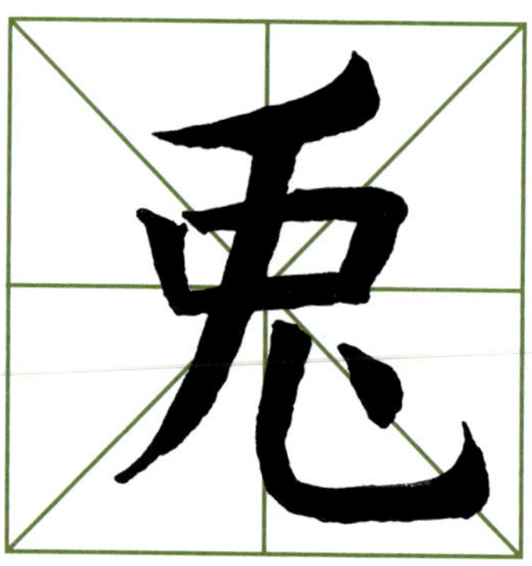

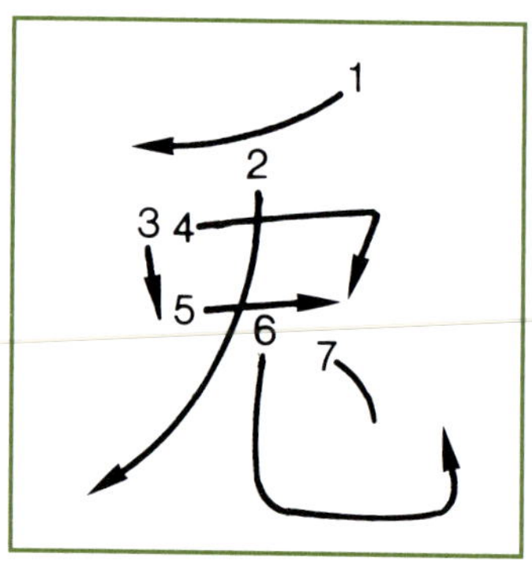

Hase: *tù*

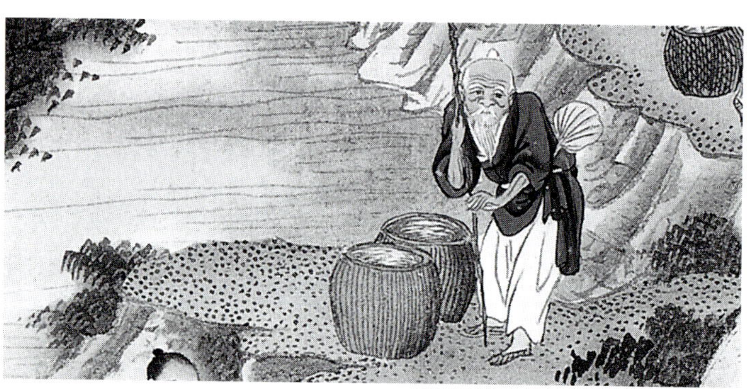

Strichfolge: 1 piě, 2 piě, 3 shù, 4 héngzhé, 5 héng, 6 shùwāngōu, 7 diǎn

Der waagerechte Strich (héng) liegt auf der horizontalen Mittellinie des Quadrats. Er bildet die untere Begrenzung eines Rechtecks. Der Shùwāngōu verläuft im senkrechten Abschnitt an der senkrechten Mittellinie, um dann in einen langgezogenen Bogen überzugehen.

Die Gestalt erinnert noch etwas an das alte Bild. Das ursprüngliche Zeichen zeigte den Kopf, Vorder- und Hinterbeine (unten) eines aufrechtstehenden Hasen.
Der Vertreter dieses Tierkreiszeichens gilt als gutmütig und einfühlsam. Er möchte in Harmonie mit seiner Umwelt leben. Im Überlebenskampf entwickelt er seine sprichwörtliche Cleverneß.
Im Zusammenhang mit anderen Zeichen ergibt sich die Bedeutung von Flucht und ungerechter Behandlung.

1963, 1975 und 1987 waren Jahre des Hasen.

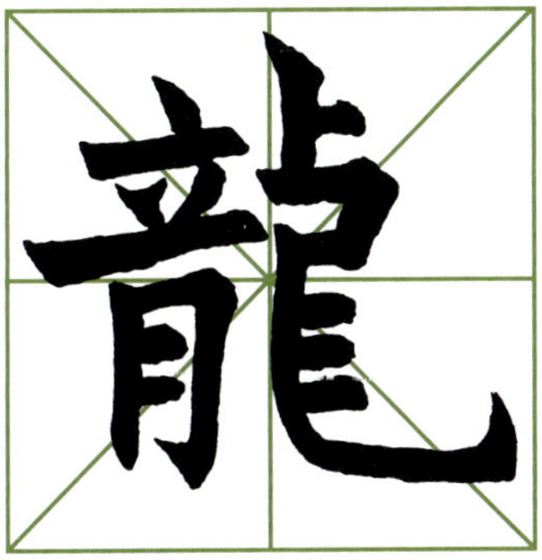

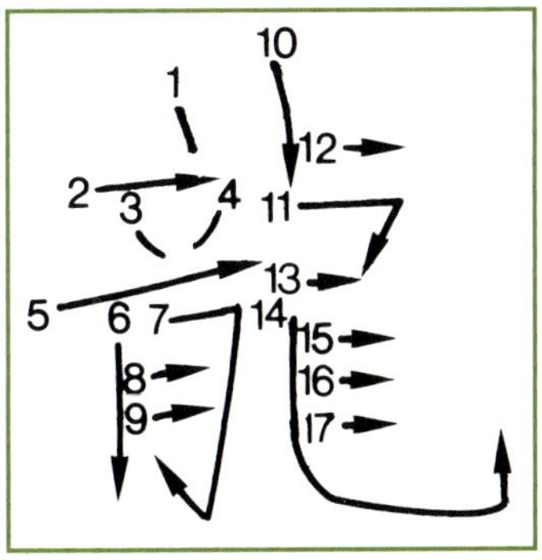

Drache: lóng

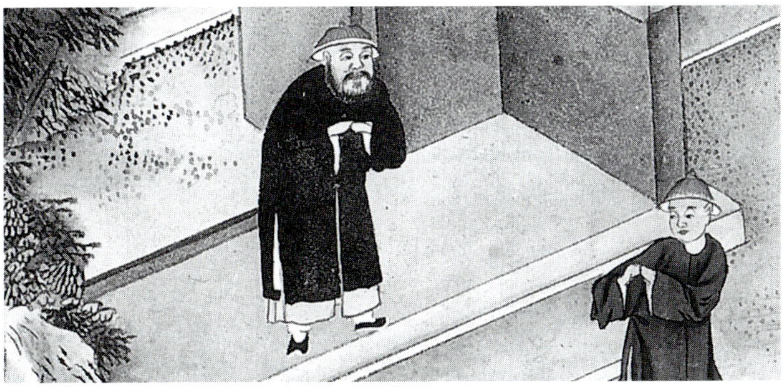

Strichfolge: 1 diǎn, 2 héng, 3 diǎn, 4 diǎn, 5 héng, 6 shùpiě, 7 héngzhégōu, 8 héng, 9 héng, 10 shù, 11 héngzhé, 12 héng, 13 héng, 14 shùwāngōu, 15 héng, 16 héng, 17 héng

Die senkrechte Mittellinie bildet eine Nahtstelle zwischen den beiden schmalen Hälften des Schriftzeichens. Im unteren linken Quadrat erkennt man das Mond-Zeichen.
Das Schriftzeichen besteht aus einem Lautzeichen im linken Teil und der Darstellung des Drachentiers im rechten Teil. Der Drachen ist ein geflügeltes, schlangenartiges Wesen mit Schuppen und Hörnern. Diese Merkmale wurden im klassischen Zeichen dargestellt. Im heutigen Zeichen sind sie kaum noch zu erkennen.

Das Drachensymbol hat eine besondere Bedeutung in der chinesischen Mythologie. Der Drache ist ein mächtiges, gutes Wesen des Himmels und Sinnbild des Kaisertums.
Nach chinesischer Auffassung erfahren die Vertreter dieses Tierkreiszeichens eine besondere Gunst des Schicksals, denn es gilt als das Symbol mit der größten glücksbringenden Kraft. Drachenmenschen haben eine ausgeprägte, starke Persönlichkeit.

Jahre des Drachens waren: 1964, 1976 und 1988.

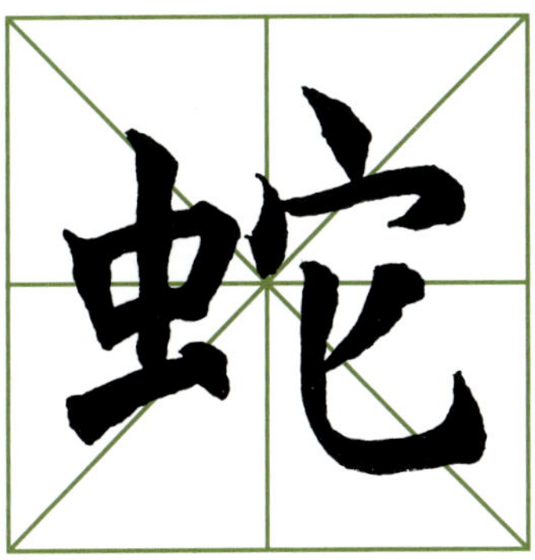

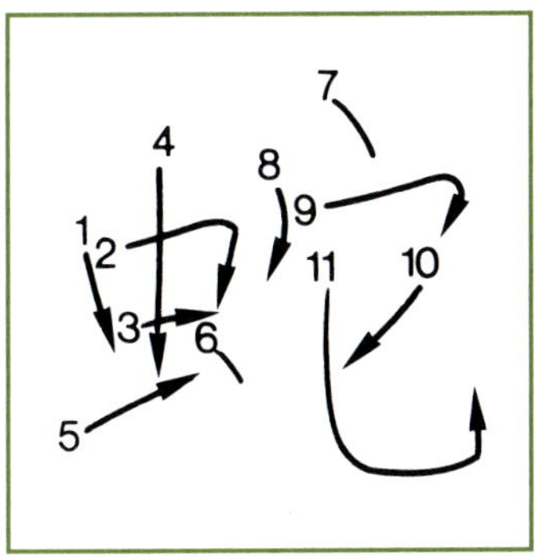

Schlange: shé

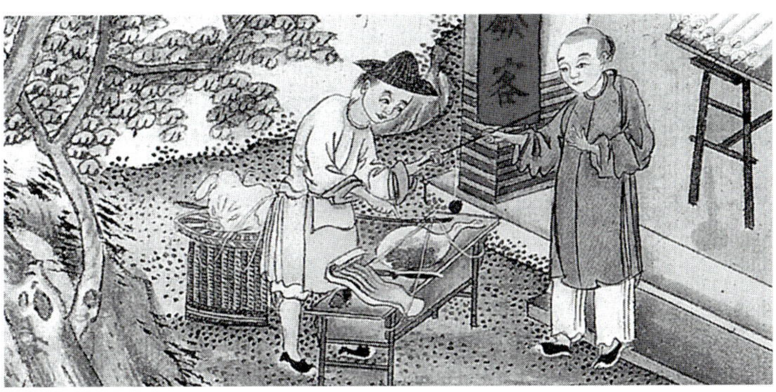

Strichfolge: 1 shù, 2 héngzhé, 3 héng, 4 shù, 5 tí, 6 diǎn, 7 diǎn, 8 shù, 9 hénggōu, 10 piě, 11 shùwāngōu

Das Zeichen besteht aus zwei Teilen. Die linke Hälfte ist etwas kleiner als die rechte Hälfte.
Das Schriftzeichen setzt sich zusammen aus dem Radikal für Insekt (links) und dem Lautzeichen für Schlange. Schlangen wurden früher zu den Insekten gezählt.

Die Schlange ist vor allem ein Symbol des Weiblichen. Sie erinnert auch an die zyklische Erneuerung des Lebens und die Wiederkehr von Zeitabläufen.
Der Schlange wird Weisheit nachgesagt. Menschen, die im Jahr der Schlange geboren sind, sollen sich durch besondere Selbstdisziplin und hohe Sensibilität auszeichnen.

Jahre der Schlange waren: 1965, 1977 und 1989.

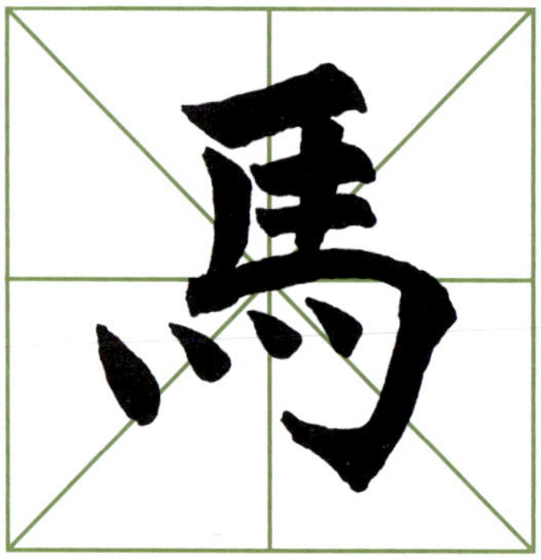

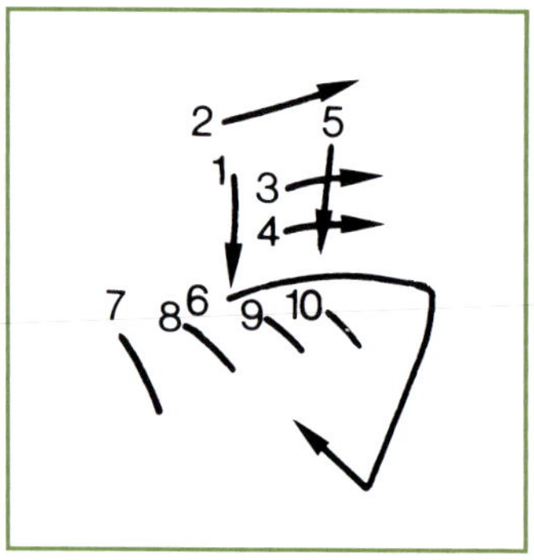

Pferd: mǎ

Strichfolge: 1 shù, 2 héng, 3 héng, 4 héng, 5 shù, 6 héngzhégōu, 7 – 10 diǎn

Die drei Héng-Striche sind gleich lang. Der dominierende Strich ist der Héngzhégōu in der unteren Hälfte. Sein waagerechter Abschnitt verläuft auf der Mittellinie. Die vier Punkte werden etwas schräg gesetzt. In der alten Form des Schriftzeichens sind Kopf, Mähne, Beine und Schwanz erkennbar. Das moderne Zeichen vermittelt noch einen Eindruck von der Dynamik und der Bewegung des Pferdes.

Nach chinesischer Auffassung verbinden sich im Pferd die Kräfte der entgegengesetzten Prinzipien von Yin und Yang in Harmonie: Das Pferd ist stark und sanft, kräftig und fügsam. Es gilt als Sinnbild für den starken Durchsetzungswillen.
Die Vertreter dieses Tierkreiszeichens sollen einsatzbereit sein, aber einen Mangel an Ausdauer und Beständigkeit zeigen.

Jahre des Pferdes waren: 1966, 1978 und 1990.

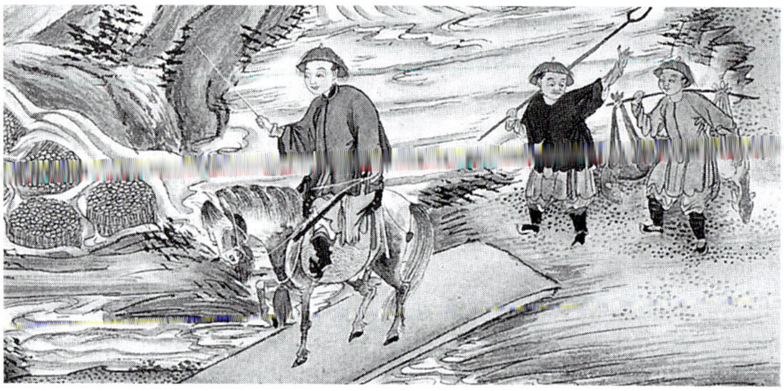

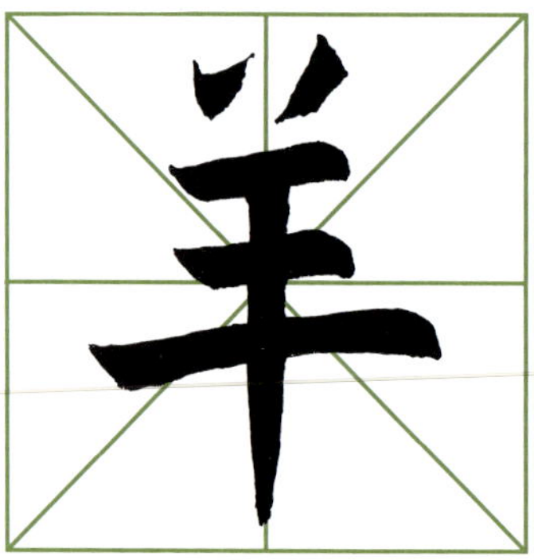

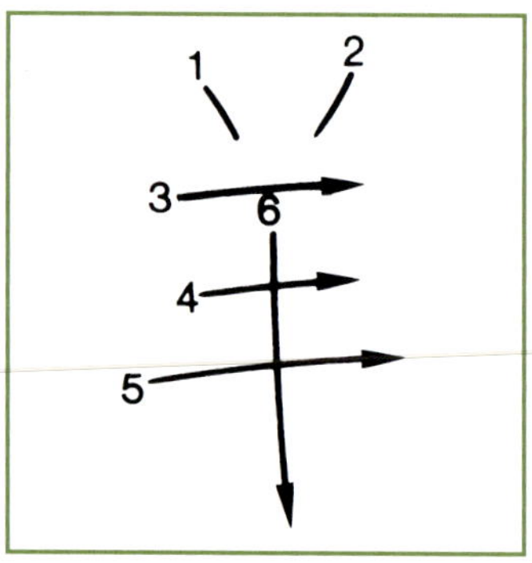

Schaf: yáng

Strichfolge: 1 diǎn, 2 diǎn, 3 héng, 4 héng, 5 héng, 6 shù

Es ist darauf zu achten, daß die beiden Punkte nicht die gleiche Form bekommen. Der Shù-Strich liegt auf der senkrechten Mittellinie. Der untere waagerechte Strich ist deutlich länger als die beiden anderen Héng-Striche. In der formalen Form ist das Schriftzeichen symmetrisch. Der Kalligraph achtet darauf, daß sich die beiden Seiten etwas unterscheiden.

Beim Betrachten des Schriftzeichens kann man noch erkennen, daß das ursprüngliche Piktogramm den Kopf mit den Hörnern (die Punkte) in Vorderansicht darstellte. Später wurden Ohren und Beine hinzugefügt.
Wegen seiner gutmütigen Art ist das achte Tier im Kalender ein passendes Sinnbild für Sanftmut.

Jahre des Schafs waren: 1967, 1979 und 1991.

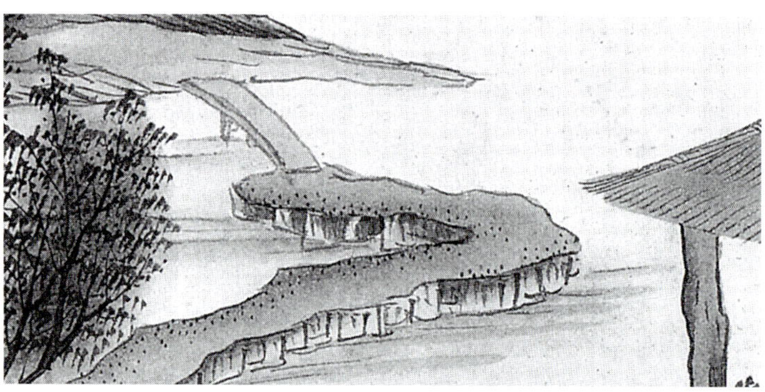

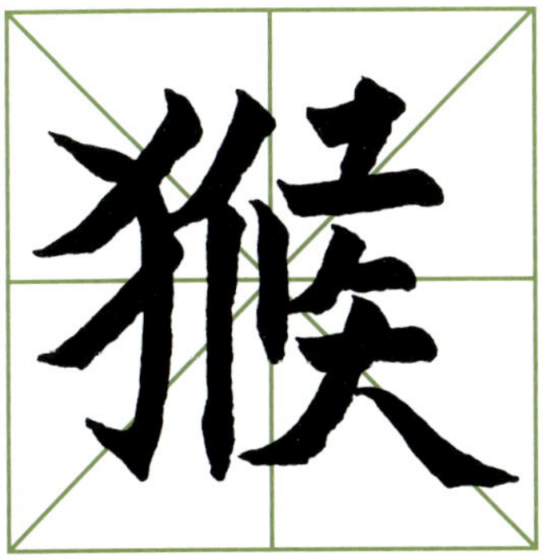
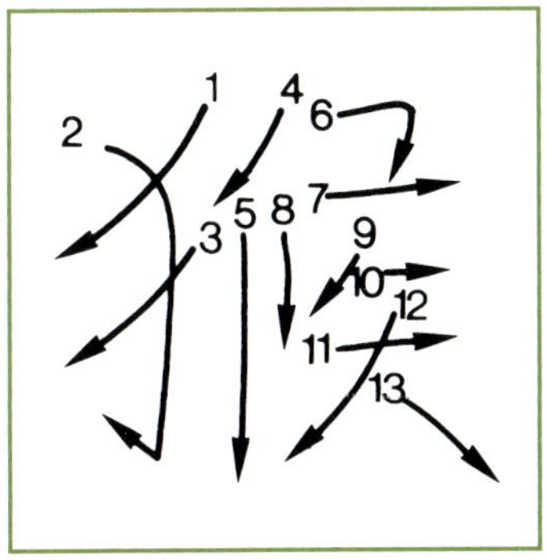

Affe: hóu

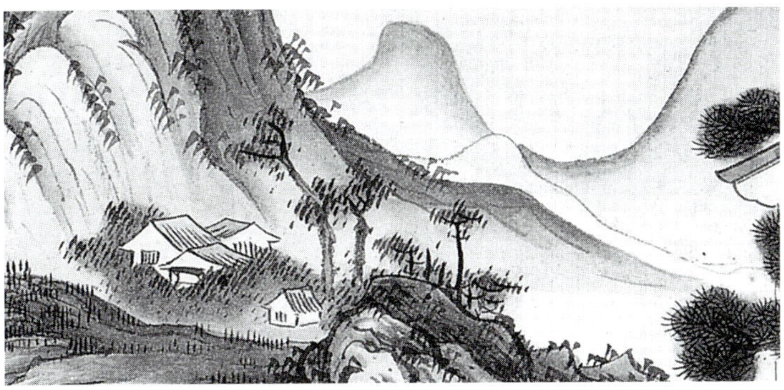

Strichfolge: 1 piě, 2 shùgōu, 3 piě, 4 piě, 5 shù, 6 héngzhé, 7 héng, 8 shù, 9 piě, 10 héng, 11 héng, 12 piě, 13 nà

Der linke Teil nimmt etwa ein Drittel des Quadrats ein. Die zusammengesetzten Zeichen stehen eng zusammen. Das Schriftzeichen ist durch eine ausgewogene Raumaufteilung gekennzeichnet. Es besteht aus drei Zeichen. Links steht der Radikal für Hund als Klassifikation für ein Tier, das sich aufrichten kann. In die Mitte wird das Zeichen für Mensch gesetzt, um darauf hinzuweisen, daß es sich um ein menschenähnliches Tier handelt. Auf der rechten Seite gibt ein Lautzeichen einen Hinweis auf die Aussprache.

Bei den Chinesen gilt der Affe als Prinz unter den Tieren. In der chinesischen Mythologie sind die Affen tapfer, klug und fleißig.
Menschen, die im Jahr des Affen geboren sind, sollen sprunghaft sein und Entscheidungen auf der Basis subjektiver Stimmungen treffen. Sie geben Versuchungen und Verlockungen leicht nach.

Jahre des Affen waren: 1968, 1980 und 1992.

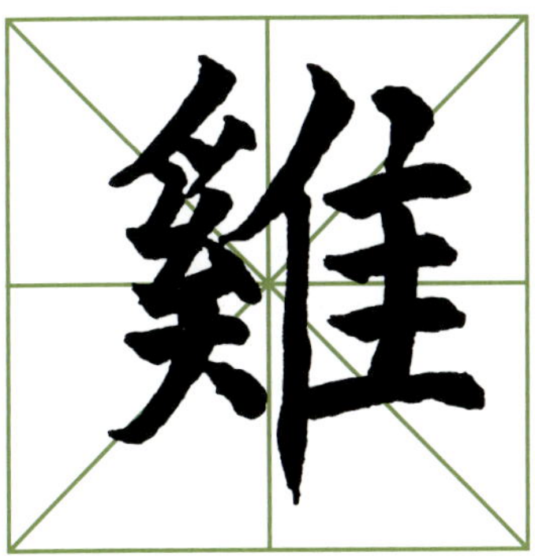
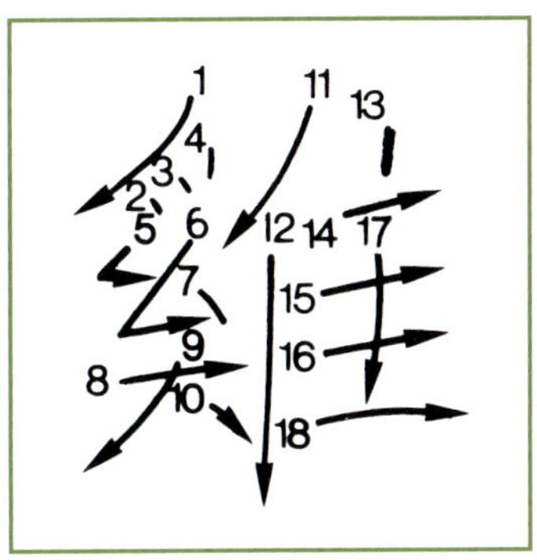

Hahn: jī

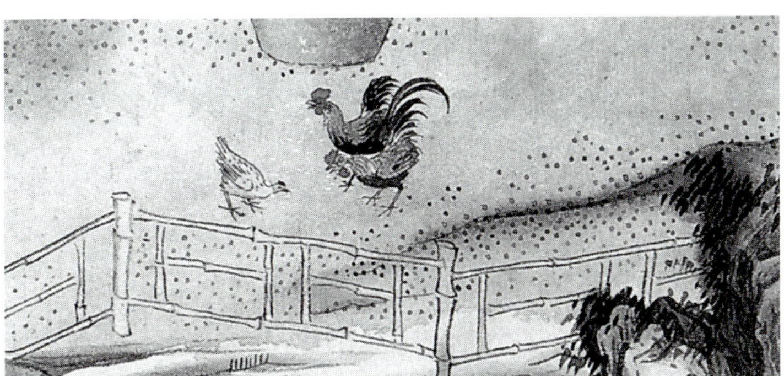

Strichfolge: 1 piě, 2 – 4 diǎn, 5 piězhé, 6 piězhé, 7 diǎn, 8 héng, 9 piě, 19 nà, 11 piě, 12 shù, 13 diǎn, 14 – 16 héng, 17 shù, 18 héng

Der Radikal von Mensch befindet sich etwas rechts neben der Mittellinie. Die beiden anderen Teile haben in etwa die gleiche Größe.

Das Lautzeichen, das eigentlich Sklave bedeutet, befindet sich auf der linken Seite. Das Sinnzeichen auf der rechten Seite gibt an, daß es sich um einen Vogel handelt.

Die Vertreter dieses Tierkreiszeichens sind schnell aus dem Gleichgewicht zu bringen und leicht irritierbar. Gleichzeitig wird ihnen eine besondere Fähigkeit zur Planung und Organisation nachgesagt.

Jahre des Hahnes waren 1969, 1981 und 1993.

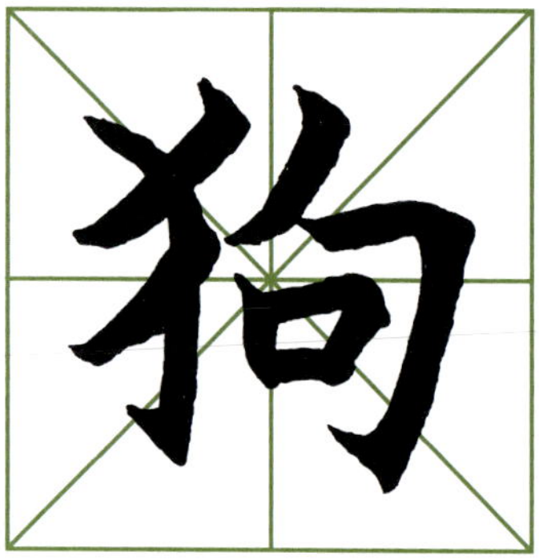

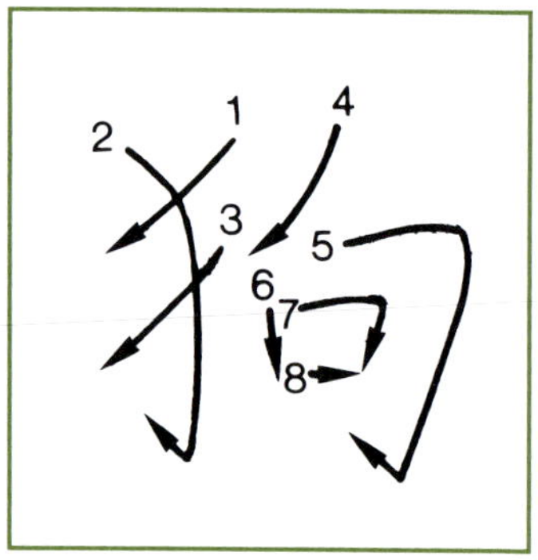

Hund: gǒu

Strichfolge: 1 piě, 2 shùgōu, 3 piě, 4 piě, 5 héngzhégōu, 6 shù, 7 héngzhé, 7 héng

Die Piě-Striche haben die gleiche Länge. Der shùgōu ist im oberen Abschnitt deutlich gebogen. Das Schriftzeichen ist ein gutes Beispiel für eine ausgewogene Raumaufteilung.
Das Schriftzeichen setzt sich zusammen aus dem Radikal für Hund (links) und dem phonetischen Teil (rechts), in dem das Zeichen für Mund integriert ist. Der Radikal, der sich in gleicher Form auch im Schriftzeichen des Affen findet, entwickelte sich aus dem alten Bildzeichen eines aufrecht stehenden, nach rechts schauenden Hundes.

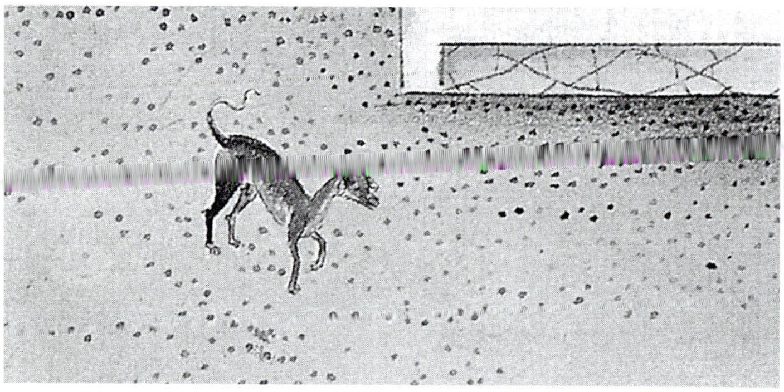

Hinweise auf Eigenschaften des Hundes finden sich in vielen Charakteren. Zum Beispiel ist der Radikal für Hund in den Schriftzeichen für Seufzen, Wehklagen und Trauern enthalten. In der chinesischen Mythologie steht der Hund deshalb auch in sehr enger Beziehung zum Totenkult.
Im Jahr des Hundes Geborene gelten als zuverlässig, ausdauernd und treu. Es sind ausgeglichene, friedliche Menschen, die aber auch Mut und Kampfgeist entwickeln können.

Jahre des Hundes waren 1970, 1982 und 1994.

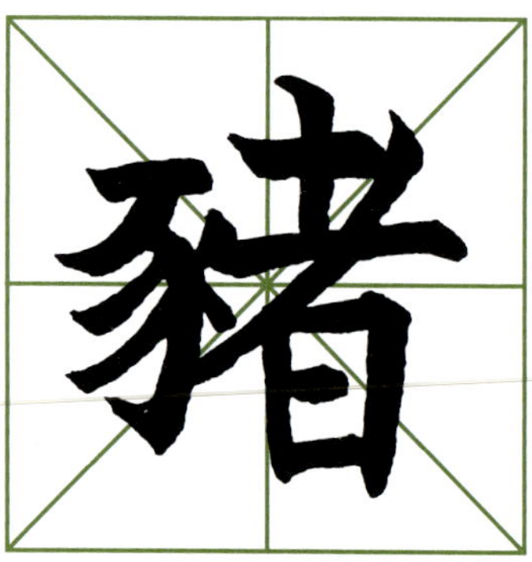

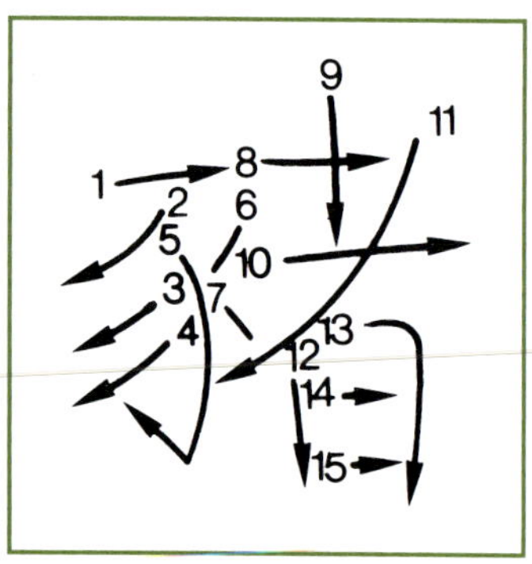

Schwein: zhū

Strichfolge: 1 héng, 2 – 4 piě, 5 shùgōu, 6 diǎn, 7 diǎn, 8 héng, 9 shù, 10 héng, 11 piě, 12 shù, 13 héngzhé, 14 héng, 15 héng

Die Piě- und Héng-Striche sind unterschiedlich lang. Der elfte Strich (piě) bildet eine dominante Diagonale. Im rechten unteren Quadrat finden wir das Sonnen-Zeichen.
Das Schriftzeichen setzt sich aus zwei Teilen zusammen: links steht der Radikal für Schwein und rechts das Lautzeichen.

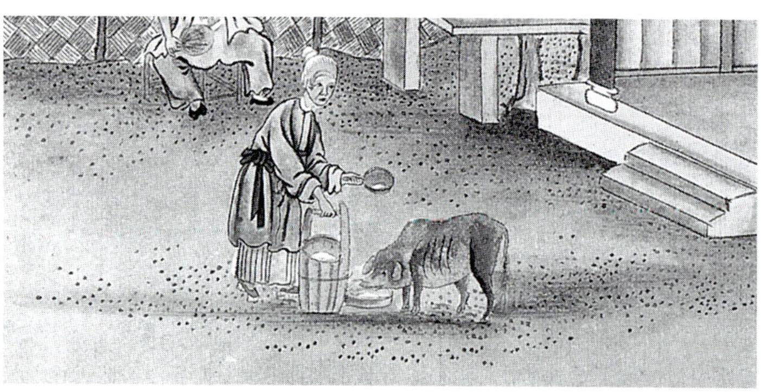

Die besonderen Eigenschaften des Schweins sind Einfältigkeit und Gutmütigkeit. Es symbolisiert auch den Wohlstand der kleinen Leute.
Bei den Menschen, die im Jahr des Schweins geboren sind, handelt es sich um selbstbewußte, eigenwillige Persönlichkeiten. Sie sind hilfsbereite und gutmütige Optimisten.

Jahre des Schweins waren 1971, 1983 und 1995.

Kleinere Texte

禮

Bisher haben wir uns vor allem mit den einzelnen Charakteren befaßt. Sie bilden jeweils eine Einheit für sich, aber noch keine weitergehende Aussage. Der etwas weiter fortgeschrittene Anfänger möchte natürlich nach einiger Zeit gerne kleinere Texte zu Papier bringen.

Man muß die Schriftzeichen innerhalb eines sinnvollen Systems miteinander verbinden, um eine Aussage zu entwickeln. Satzbau und Grammatik des Chinesischen unterscheiden sich grundsätzlich von westeuropäischen Sprachen. Die Chinesen kennen keine Formveränderung des Wortes (Flexion), um Satzfunktionen zu verdeutlichen. Die Schriftzeichen behalten also auch ihre Form, sind praktisch unveränderliche Stammwörter. Es gibt deshalb eine Reihe von Hilfskonstruktionen und Wörtern, die es ermöglichen, mit einem stark reduzierten Begriffsmaterial Aussagen zu formulieren. Die Chinesen haben eine Art von Telegrammstil entwickelt, was auch in den folgenden Textbeispielen deutlich wird. Der Sinn muß oft aus dem Zusammenhang erschlossen werden; manchmal fehlen Satzteile (Subjekt oder Prädikat), die man in westeuropäischen Sprachen vermissen würde. Das entscheidende syntaktische Gestaltungsmittel des Chinesischen ist die Wortstellung.

Im folgenden werden kleinere Texte vorgestellt, die man für Wunsch- und Grußkarten verwenden kann. Viele Schriftzeichen wurden bereits im letzten Kapitel gezeigt. Auf eine Darstellung der Strichfolge kann deshalb verzichtet werden.

Wir schreiben bei unseren Beispielen in Zeilen von links nach rechts, wie es seit den 50er Jahren in China zunehmend Gewohnheit geworden ist. Man schreibt allerdings auch noch in traditioneller Form von oben nach unten, wobei die Spalten von rechts nach links laufen. In chinesischen Zeitungen kommen teilweise beide Schreibweisen gleichzeitig vor.

Für die Aufteilung und Anordnung zusammengehörender Schriftzeichen in Texten gibt es keine festen Vorschriften; sie sind weitgehend dem persönlichen Geschmack überlassen. Die Größe der Schriftzeichen, die Abstände zwischen den Charakteren untereinander und die Zwischenräume zwischen den Zeilen sollten jedoch von der Zahl der Schriftzeichen und der verfügbaren Schreibfläche abhängen. Die kompakteren Zeichen, die aus vielen Strichen bestehen, dürfen in der Regel mehr Platz beanspruchen als die »leichten« Zeichen. Der Gesamteindruck ist entscheidend. Deshalb sollte man sich vor Beginn des Schreibens die Einteilung des Blattes oder der Karte überlegen. Manchmal ist es hilfreich, die Fläche mit leichtem Bleistiftstrich in Quadrate einzuteilen. Bei kleinen Zeichen teilt man das Blatt am besten in liegende Rechtecke ein. Die Zeilen sollten nicht ganz am oberen Blattrand beginnen und natürlich nicht ganz unten enden. Die letzte Zeile wird kürzer als die vorhergehenden, damit dort Namen und andere Notizen Platz haben und man eine gelungene Kalligraphie signieren kann. Will man ein kalligraphisches Werk verschenken, wird in China auch der Name des Beschenkten notiert, manchmal auch Ort, Zeit und die Gedanken, die der Kalligraph beim Schreiben hatte.

Einen fröhlichen Geburtstag

生	日	愉	快
shéng	*rí*	*yú*	*kuài*
Geburt	Tag	fröhlich/heiter	

Das erste Schriftzeichen steht für Geburt (vgl. Weihnachtsgruß). Das Zeichen für Sonne hat auch die Bedeutung von Tag. Die beiden letzten Charaktere gehören zusammen und bedeuten fröhlich, heiter oder gute Laune.

Frohe Ostern

復	活	節	愉	快
fù	*huó*	*jé*	*yú*	*kuài*
wieder	Leben	Fest	fröhlich/heiter	

Die Schriftzeichen umschreiben Ostern als Fest der Wiedergeburt.

Frohe Weihnachten

聖	誕	節	快	樂
shèng	*dàn*	*jié*	*kuài*	*lè*
weise	Geburt	Fest	froh	glücklich

Die Sonderzeichen für Geburt und Fest deuten die große Bedeutung des Anlasses an.

Für »Neues Jahr« und »viel Glück« haben die Chinesen jeweils ein einziges Schriftzeichen.

Frohes Neues Jahr

恭	賀	新	禧
gōng	*hè*	*xīn*	*xǐ*
ergeben	gratulieren	Neues Jahr	viel Glück

Guó bedeutet Land. Davor steht ein Schriftzeichen, dessen Aussprache ähnlich klingt wie der Anfang des Wortes Deutschland. »Grüße« setzt sich zusammen aus den Schriftzeichen für fragen und abwarten. »De« hat die Funktion, den Genetiv anzuzeigen.

Grüße aus Deutschland

來	自	德	國	的	问	候
lái	*zì*	*dé*	*guó*	*de*	*wèn*	*hòu*
kommen	aus		Deutschland			Grüße

Viel Glück, eine glänzende Karriere und ein langes Leben

福	祿	寿	康
fú	*lù*	*shòn*	*káng*
Glück	Karriere (Geld)	langes Leben	Gesundheit

Das Lŭ-Schriftzeichen bedeutet auch Geld. Bei Aufzählungen fällt auf, daß die Chinesen kein »und« verwenden.

Einladung zur Geburtstagsfeier

Den Text könnte man folgendermaßen ins Deutsche übertragen: »Bitte nehmen Sie am 3. Juni an meiner Geburtstagsfeier teil.« Einladung setzt sich zusammen aus den Zeichen für »Bitte« und »Schrift«. Das Schriftzeichen für Mond bezeichnet den Monat, jenes für Sonne den Tag.

請	帖
qing	*tiě*
Einladung	

請	您	六	月
qing	*nín*	*liù*	*yuè*
bitte	Sie	sechs	Monat

三	日	參	加	我
sān	*rì*	*cān*	*jiā*	*wǒ*
drei	Tag	teilnehmen an		meiner

的	生	日	慶	祝
de	*shēng*	*rì*	*qìng*	*zhù*
	Geburtstag		*Feier*	

Einladung zur Hochzeit

In diesem Beispiel wird eine Einladung für den 1. Mai ausgesprochen. Bei den Texten fällt auf, daß die Chinesen für bei uns gleichbleibende Begriffe (Geburt, Feier) je nach Anlaß und Zusammenhang unterschiedliche Schriftzeichen verwenden.

請	帖
qing	*tiě*
Einladung	

請	您	五	月
qing	*nín*	*wǔ*	*yuè*
bitte	Sie	fünf	Monat

一	日	參	加	我	的
yī	*rì*	*cān*	*jiā*	*wǒ*	*de*
1.	Tag	teilnehmen an		meiner	

婚	禮
hūn	*lǐ*
Hochzeitsfeier	

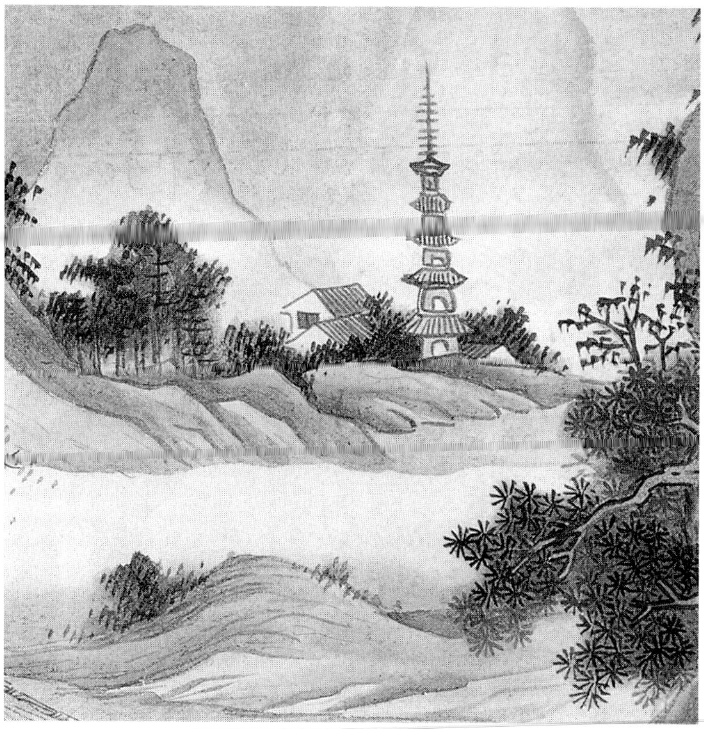

步又得鈷鉧潭潭西二十五步當湍而浚者為魚梁梁
上有丘焉生竹樹其石之突怒偃蹇負土而出爭為奇
者殆不可數其嶔然相累而下者若牛馬之飲於溪其
然角列而上者若熊羆之登於山丘之小不能一畝可
籠而有之問其主曰唐氏之棄地貨而不售問其價曰
四百余憐而售之李深源元克己時同游皆大喜出自
外即更取器用剷刈穢草伐去惡木烈火而焚之嘉木
美竹露奇石顯由其中以望則山之高雲之浮溪之流
獸之遨游舉熙熙然回巧獻技以效茲丘之下枕席而
則清泠之狀與目謀瀯瀯之聲與耳謀悠然而虛者與
謀淵然而靜者與心謀不匝旬而得異地者二雖古好
之士或未能至焉噫以茲丘之勝致之灃鎬鄠杜則貴
之士爭買者日增千金而愈不可得今棄是州也農夫

唐柳宗元永州八記

始得西山宴游記　自余為僇人居是州恒惴慄其隙
則施施而行漫漫而游日與其徒上高山入深林窮廻
幽泉怪石無遠不到到則披草而坐傾壺而醉醉則更
枕以卧卧而夢意有所極夢亦同趣覺而起起而歸以
凡是州之山水有異態者皆我有也而未始知西山之
特今年九月二十八日因坐法華西亭望西山始指異
遂命僕人過湘江緣染溪斫榛莽焚茅茷窮山之高而
攀援而登箕踞而遨則凡數州之土壤皆在衽席之下
高下之勢岈然洼然若垤若穴尺寸千里攢蹙累積莫
遯隱縈青繚白外與天際四望如一然後知是山之特
不與培塿為類悠悠乎與浩氣俱而莫得其涯洋洋乎
造物者游而不知其所窮引觴滿酌頹然就醉不知日